Doreen Kirchhof

Die Krise der Europäischen Währungsunion im Kontext der amerikanischen Ratingagenturen Standard & Poor's, Moody's und Fitch Ratings

Diplomica Verlag GmbH

Kirchhof, Doreen: Die Krise der Europäischen Währungsunion im Kontext der amerikanischen Ratingagenturen Standard & Poor's, Moody's und Fitch Ratings, Hamburg, Diplomica Verlag GmbH 2013

Buch-ISBN: 978-3-8428-8639-1
PDF-eBook-ISBN: 978-3-8428-3639-6
Druck/Herstellung: Diplomica® Verlag GmbH, Hamburg, 2013

Bibliografische Information der Deutschen Nationalbibliothek:
Die Deutsche Nationalbibliothek verzeichnet diese Publikation in der Deutschen Nationalbibliografie; detaillierte bibliografische Daten sind im Internet über http://dnb.d-nb.de abrufbar.

© Diplomica Verlag GmbH
Hermannstal 119k, 22119 Hamburg
http://www.diplomica-verlag.de, Hamburg 2013
Printed in Germany

Inhaltsverzeichnis

Abkürzungsverzeichnis

Abb.	Abbildung
ABS	Asset Backed Securities
AEUV	Vertrag über die Arbeitsweise der Europäischen Union
ANOVA	Analysis of Variance
AT	Österreich
BE	Belgien
BG	Bulgarien
BIP	Bruttoinlandsprodukt
BIZ	Bank für Internationalen Zahlungsausgleich
BRD	Bundesrepublik Deutschland
bspw.	beispielsweise
CESifo	Center for Economic Studies / Information und Forschung
CMBS	Commercial Mortage-Backed Securities
CY	Zypern
CZ	Tschechische Republik
DE	Deutschland
Diss.	Dissertation
DK	Dänemark
ebd.	ebenda
ECAI	External Credit Assessment Institution
ECU	European Currency Unit
EE	Estland
EFSF	European Financial Stability Facility
EG	Europäische Gemeinschaft
ES	Spanien
ESM	Europäischer Stabilitätsmechanismus
et al.	et alii
EU	Europäische Union
EUR	Euro
EWI	Europäisches Währungsinstitut
EWS	Europäisches Währungssystem
EWU	Europäische Währungsunion
EZB	Europäische Zentralbank

f.	und folgende
ff.	und folgende (Plural)
FI	Finnland
FR	Frankreich
GD	gleitender Durchschnitt
ggf.	gegebenenfalls
ggü.	gegenüber
GIPS	Griechenland, Irland, Portugal, Spanien
GR	Griechenland
HU	Ungarn
IBCA	International Bank Credit Analyst
IE	Irland
IMF	International Monetary Fund
IOSCO	International Organization of Securities Commissions
IT	Italien
IWF	Internationaler Währungsfond
Jan.	Januar
Kap.	Kapitel
LT	Litauen
LU	Luxembourg
LV	Lettland
Mio.	Millionen
Mrd.	Milliarden
MT	Malta
Nov.	November
NRSRO	Nationally Recognised Statistical Rating Organisation
NL	Niederlande
OECD	Organisation for Economic Co-operation and Development
PL	Polen
PT	Portugal
RL	Richtlinie
RBS	Royal Bank of Scotland
RO	Rumänien
S.	Seite
S&P	Standard & Poor's

SE	Schweden
SEC	Securities and Exchange Commission
SI	Slowenien
SK	Slowakei
sog.	so genannte/so genannten
SRM	Sovereign Rating Model
u.a.	unter anderem
UK	Vereinigtes Königreich Großbritannien
US	United States
USA	United States of America
USD	US-Dollar
Vgl.	Vergleiche
WWU	Wirtschafts- und Währungsunion
z. Zt.	zur Zeit

Abbildungsverzeichnis

Tabellenverzeichnis

Symbolverzeichnis

Δ	Delta
$\geq$	größer gleich
$\leq$	kleiner gleich
&	und
-	Minus oder Auswirkung mit negativem Effekt
+	Plus oder Auswirkung mit positivem Effekt
=	ist gleich
A	Angebot an Euro
A'	Verändertes Angebot an Euro
e	Wechselkurs
η^2	Determinationskoeffizient eta²
n	Stichprobenumfang
N	Nachfrage nach Euro
N'	Veränderte Nachfrage an Euro
R^2	Determinationskoeffizient
X_n	Einflussgröße und auch Faktor
Y	Zielvariable

1. Einleitender Teil

1.1 Begriffsabgrenzung

Bevor das Thema „Kritische Analyse des Einflusses von amerikanischen Ratingagenturen auf die Krise der Europäischen Währungsunion" durch einen theoretischen und praktischen Teil bearbeitet wird, gilt es die grundlegenden Begriffe der Thematik (Ratingagenturen, Währungsunion und Krise) für den Leser verständlich abzugrenzen:

Ratingagenturen sind Unternehmen, welche die Bonität von Unternehmen, Staaten und Finanzmarktprodukten analysieren und bewerten. Die Bewertungen werden üblicherweise in Buchstabencodes formuliert.[1] Ein solches Rating hat insbesondere Auswirkungen darauf, wie viel Zinsen ein Gläubiger für seine Investition in Staatsanleihen[2] verlangen kann oder wie teuer sich die Kreditaufnahme gestaltet.[3]

Eine Währungsunion beschreibt ein Szenario, in welchem zwei oder mehrere Staaten ihre jeweiligen nationalen Währungen durch eine gemeinsame Währung substituieren.[4] Die Europäische Währungsunion (EWU) ist ein solches Szenario, welches die phasenweise Einführung der gemeinsamen Währung Euro zur Folge hatte.[5] Sie bildete einen Kernpunkt der Bestrebungen, ein geeintes Europa in Form einer Wirtschafts- und Währungsunion zu erschaffen.[6]

Als Krise werden gemeinhin Phasen des konjunkturellen Niedergangs bezeichnet.[7] Im Rahmen der Konjunkturtheorie[8] wird dabei häufig die typische Einteilung in vier Konjunkturzyklen (Krise, Aufschwung, Hochkonjunktur und Abschwung) verwendet (vgl. Abb. 1).

---

[1] Vgl. Brunetti, A. (2011), S. 171; Langohr, H./Langohr, P. (2008), S. 40.
[2] Durch die Ausgabe von Staatsanleihen besorgen sich Staaten Geld. In der Regel werden solche Anleihen von Banken, Versicherungen und/oder Investmentfonds für eine vorher definierte Laufzeit und Zins gekauft. [Vgl. Busch, B./Matthes, J. (2010), S. 6].
[3] Vgl. Busch, B./Matthes, J. (2010), S. 3.
[4] Vgl. Stocker, F. (2011), S. 190.
[5] Vgl. Stocker, F. (2011), S. 116.
[6] Vgl. Gabler (2004a), S. 970f.
[7] Die Literatur verwendet hier auch substituierend den Begriff Depression [Vgl. Gabler (2004b), S. 1819].
[8] Die Konjunkturtheorie ist Teil der Volkswirtschaftstheorie, welche sich mit makroökonomischen Größen beschäftigt und u.a. Modelle zum Konjunkturverlauf entwickelt [Vgl. Gabler (2004b), S. 1723f.].

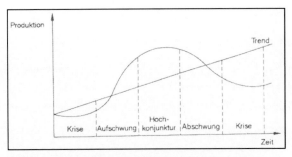

Abbildung 1: Schematische Darstellung der Konjunkturzyklen
Quelle: Entnommen aus May, H. (2006), S. 435.

Der Zyklus der Krise ist zumeist durch hohe Arbeitslosigkeit und geringe Kapazitätsauslas-
tung gekennzeichnet.[9] Die geringe wirtschaftliche Zuversicht, sowohl bei Konsumenten als
auch bei Produzenten, führt zu vermehrtem Spar- und geringerem Investitionsverhalten.[10] Im
Zyklus des Aufschwungs sind Unternehmer durch ausbleibende Gewinne zu Investitionen
gezwungen. Dies wirkt anregend auf die Investitionsgüterindustrie[11] und führt zu steigender
Produktion als auch Beschäftigung. Dadurch steigende Unternehmensgewinne führen zu
höheren Lohnforderungen der Arbeitnehmer. Das höhere Einkommen mündet schließlich in
verstärktem Konsum (Hochkonjunktur). Die anhaltende Investitionsfreudigkeit der Industrie
führt jedoch zu einer Geldknappheit auf dem Kreditmarkt, was Zinserhöhungen zur Folge hat.
Höhere Zinsen dämpfen den Konjunkturanstieg, was schließlich zu einem Stillstand der
Nachfrage, sowohl auf dem Investitions- als auch auf dem Konsumgütermarkt, führt (Abschwung). Der daraus resultierende Abbau von Arbeitsplätzen führt wieder in den Zyklus der
Krise.[12]

---

[9] Vgl. Scheck, H./Scheck, B. (2007), S. 22; Gabler (2004b), S. 1720f.
[10] Vgl. May, H. (2006), S. 435.
[11] Unter dem Oberbegriff der Investitionsgüterindustrie zähle v.a. Maschinenbau, Anlagenbau und die Elektroin-
dustrie [Vgl. Kletti, J. (2006), S. 71.].
[12] Vgl. Scheck, H./Scheck, B. (2007), S. 22.

1.2 Problemstellung und Zielsetzung der Arbeit

Der Euro feierte 2012 seinen zehnten Geburtstag.[13] Seine monetäre Einführung im Jahr 2002 war der vorläufige Abschluss der Meilensteine Europäischer Integration.[14] Die schwere Krise, in welcher sich die EWU, und mit ihr seine Währung, befindet lässt jedoch von einer Feier absehen. Nach Ergebnissen des Economic Outlook der CESifo wird das Bruttoinlandsprodukt (BIP)[15] der Euro-Zone bis zum Jahresende 2012 weiterhin schrumpfen. Die eingebrochene Nachfrage als auch die wachsende Verunsicherung belasten das BIP massiv.[16] Und auch für das erste Quartal 2013 werden lediglich stagnierende Werte prognostiziert (vgl. Abb. 2).[17]

Abbildung 2: Bruttoinlandsprodukt Eurozone Stand Q2/2012 und Prognose
Quelle: Entnommen aus CESifo (2012), o.S.

Die Mehrzahl der Mitgliedsstaaten der EWU befindet sich in einer Rezession und sorgt dafür, dass sich die gesamte Eurozone, trotz des Beitrags starker Wirtschaftsnationen, wie bspw. Deutschland, in einer Rezession befindet.[18] Zusätzlich zur schwachen Konjunktur sorgen schlechte Arbeitsmarktbedingungen und Steuererhöhungen für eine Vertiefung der Krise der EWU.[19]

Im Angesicht der andauernden sog. Euro-Krise zeigt es sich, dass die motivatorisch-integrierende Wirkung, die mit der plastischen Formulierung der EWU-Ziele von den Gründervätern verfolgt wurde (vgl. Kap. 2.1.2), aus heutiger Perspektive nur bedingt erreicht werden konnte. Als 1991 der Vertrag von Maastricht von den Gründervätern unterzeichnet

---

[13] Als Vergleich ist hier mit der monetären Einführung des Euro als Bargeldmittel im Jahr 2002 gerechnet wurden. Diesem voraus ging jedoch die Einführung des Euro als Buchgeld im Jahre 1999 (vgl. Kap. 2.1.1).
[14] Vgl. Stocker, F. (2011), S. 2.
[15] Das Bruttoinlandsprodukt ist der Wert aller während eines fest definierten Zeitraums im Inland produzierten Güter [Vgl. May, H. (2006), S. 504].
[16] Vgl. Kaeble, M. et al. (2012a), S. 14.
[17] Vgl. CESifo (2012), S. 1.
[18] Vgl. Kaeble, M. et al. (2012b), S. 16; CESifo (2012), S. 1.
[19] Vgl. CESifo (2012), S. 1; Stirati, A. (2011), S. 125.

wurde, bezeichnete der damalige Bundeskanzler der BRD, Helmut Kohl, das Übereinkommen als eine grundlegende Weichenstellung für die Zukunft Europas. Gleichfalls sei damit ein Kernziel deutscher Europa-Politik realisiert.[20] 21 Jahre später vermehren sich die Meldungen über Rettungspakete, die die Zukunft der EWU absichern sollen, dabei jedoch die Verträge der Europäischen Union massiv verletzen.[21] So wird bspw. durch den Europäischen Finanz-stabilisierungsmechanismus oder den dauerhaften Europäischen Stabilitätsmechanismus (ESM)[22] gegen die sog. No-Bail-Out-Klausel[23] des Vertrags über die Arbeitsweise der Europäischen Union (AEUV) verstoßen.[24]

Bei der Frage wie es soweit kommen konnte, wird stets auch die Arbeit der Ratingagenturen zur Sprache gebracht. Obwohl in den 80er-Jahren im deutschsprachigen Raum noch als Besonderheit geltend, gewannen Ratings durch die Globalisierung und der damit einherge-henden Komplexität der Finanzmärkte stetig an Bedeutung.[25] Auch aufgrund einer breiten politischen Diskussion kam den Ratingagenturen in der Vergangenheit eine erhöhte Aufmerk-samkeit zu.[26] Bereits im Rahmen der US-Finanzkrise gerieten sie in den Fokus der Kritik. Ihre fehlende defensive Bewertungshaltung von Subprime-Krediten sowie die verspätete Herab-setzung von Bonitäten weckten Zweifel an ihrer Arbeitsweise.[27] Im Rahmen der Euro-Krise, geben die Staats- und Regierungschefs der Europäischen Union den Ratingagenturen eine Mitschuld an der rezessiven Entwicklung der EWU.[28] Es gibt einhellige Aussagen darüber, dass vor allem die amerikanischen Ratingagenturen die Krise durch ihre Ratings verschärft haben.[29] So fielen bspw. ihre Entscheidungen zur Abwertung der Länder Spanien und Italien in jenem Zeitraum, als beide Staaten die ehrgeizigsten Reformen der Landesgeschichten beschlossen hatten.[30] Die EU-Kommission ermahnte die amerikanischen Ratingagenturen schließlich ihre Aufgabe verantwortungsvoll auszuüben.[31]

---

[20] Vgl. Fleischhauer, J. et al. (2010), S. 21.
[21] Vgl. Müller, H. (2011), S. 86; Darnstädt, T. et al. (2011), S. 42
[22] Der ESM wurde vom Europäischen Rat im März 2011 beschlossen. Er verfügt über finanzielle Mittel in Höhe von 700 Mrd. Euro, welche die EU-Mitgliedsstaaten in Höhe ihres Kapitalanteils an der Europäischen Zentral-bank beisteuern. Die Kredite des ESM sollen den EWU-Mitgliedsstaaten in Notsituationen zur Verfügung gestellt werden, wenn bspw. andere Möglichkeiten der Refinanzierung ausgeschöpft sind. [Vgl. Moeller, W. (2011), S. 58f.].
[23] Die No-Bail-Out-Klausel steht in Artikel 125 des AEUV und besagt u.a., dass „die Union ...nicht für die Verbindlichkeiten der Zentralregierungen, der regionalen oder lokalen Gebietskörperschaften oder anderen öffentlich-rechtlichen Körperschaften, sonstiger Einrichtungen des öffentlichen Rechts oder öffentlicher Unternehmen von Mitgliedsstaaten ..." haftet. [AEUV (2008), o.S.]
[24] Vgl. Busch, B./Matthes, J. (2012), S. 9.
[25] Vgl. Everling, O./Linh Trieu, M. (2007), S. 97.
[26] Vgl. Dimitrakopoulos, D./Spahr, R. (2003), S. 151.
[27] Vgl. Kofner, S. (2009), S. 61; Hartmann-Wendels, T. (2011), S. 26.
[28] Vgl. Schiessel, M. (2010), S. 66; Bolzen, S (2012), S. 4.
[29] Vgl. Hagelüken, A. (2012), S. 4; Bolzen, S. (2012), o.S; Kullig, S./Bertram, H. (2011), S. 75.
[30] Vgl. Hagelüken, A. (2012), S. 4; Moeller, W. (2011), S. 13.
[31] Vgl. Schiessl, M. (2010), S. 67.

Die Kritik an den Agenturen und ihrer Arbeitsweise ging soweit, dass sie als die zweifelhaftesten Institutionen im globalen Finanzsystem bewertet wurden.[32] Der Spiegel folgte dieser Einschätzung und betitelte die drei größten Ratingagenturen Fitch, Moody's und Standard & Poor's (S&P) gar einst als "Trio Infernale".[33] Diese Meinungen beruhen auf dem Missverhältnis zwischen Macht und Einfluss der Ratingagenturen auf der einen Seite und der fehlenden Transparenz (v.a. hinsichtlich Motivation) auf der anderen Seite.[34]

2010 bereitete EU-Binnenmarktkommissar Michel Barnier daher ein Gesetz vor, welches vorsieht, die Macht der Ratingagenturen durch eine übergeordnete Behörde zu regulieren.[35] Die Bestrebungen, den Einfluss der Ratingagenturen zu begrenzen, fanden Europaweit Zustimmung.[36] Nur ein Jahr später wurde publik, dass sein Entwurf ebenso einen Passus vorsieht, der es Ratingagenturen im Zweifelsfall verbieten soll, Urteile über kriselnde EU-Länder zu veröffentlichen. Denn diese Ratings hatten in der Vergangenheit stets Anlass zu Kritik an der Arbeit der Ratingagenturen gegeben.[37] Die Bemühungen fanden ihr Ergebnis in einer neuen Regulierungsrunde im November 2012. Die dort gefassten Beschlüsse sollen Anfang 2013 zu einem Gesetz formuliert, welches u.a. Vorgaben zur Rotation von Emittenten zwischen den Ratingagenturen, Fragen zur Haftung und Auflagen zur Veröffentlichung von Ratingergebnissen (vgl. Kap. 2.2.2) enthalten soll.[38] Es zeigt sich, dass die Regulierung von Ratingagenturen ein aktuelles Thema der europäischen Politik ist. Zuletzt war sogar die Gründung einer europäischen Ratingagentur als Gegengewicht zu den amerikanischen Größen im Gespräch.[39]

Im Zentrum der Kritik steht oft auch der Verdacht, dass Ratingentscheidungen zur bewussten negativen Beeinflussung der Krise beitrugen. Nimmt man beispielsweise die Herabstufung von Spanien und Italien am 13. Januar 2012 zum Anlass, stellt sich die Frage, warum die Ratingagenturen trotz ehrgeiziger Reformen, die schwierige Lage betroffener Staaten mit negativen Ratingentscheidungen weiter anheizen.[40] Denn eine negative Bewertung beeinflusst die angestrebte Kapitalmarktreife betroffener Länder und lässt das Ratingurteil somit

---

[32] Vgl. Sinclair, T. J. (2005), S. 6.
[33] Vgl. Balzli, B. et al. (2009), S. 73.
[34] Vgl. Hiß, S./Nagel, S. (2012), S. 27.
[35] Vgl. Balzli, B. (2010a), S. 73.
[36] Vgl. Kade, C. et al. (2012), S. 1.
[37] Vgl. Schrörs, M. (2011), o.S.
[38] Vgl. Schrörs, M. (2012), S. 14; Europa (2012d), o.S.
[39] Vgl. Dohms, H.-R./Schrörs, M. (2012), S. 17.
[40] Vgl. Müller, H. (2011), S. 86f.

„zur sich selbst erfüllenden Prophezeiung" werden.[41] Die Kombination von Ratingzeitpunkt und der Bedeutung des Urteils am Markt gibt zu denken.

Zusammengefasst liegt das Ziel dieser Untersuchung nunmehr darin zu klären, inwieweit die Ratingagenturen durch ihre Ratings Einfluss auf die Krise der EWU ausgeübt haben. Dazu wird zunächst das Thema mit Hilfe theoretischer Grundlagen vorbereitet und anschließend, im Rahmen eines statistischen Erhebungsverfahrens, geprüft, ob es zwischen Ratingentscheidungen und dem Verfall des Euro-Kurses am Devisenmarkt eine Korrelation gibt. Die explizite Vorgehensweise zur Erforschung der genannten Problemstellung folgt nun in Kapitel 1.3

---

[41] Lorz., S. (2011), S. 7.

1.3 Gang der Untersuchung

Diese Bachelor Thesis erstreckt sich in ihrem Umfang auf vier Hauptkapitel. Zur Abgrenzung werden zunächst die relevanten theoretischen Grundlagen gelegt (Kap. 2). Die theoretischen Grundlagen zur Analyse beginnen in einem ersten Block mit einer Übersicht zur Europäischen Währungsunion (Kap. 2.1), welches die historischen Meilensteine auf dem Weg zu ihrer Bildung (Kap. 2.1.1), die angestrebten Ziele (Kap. 2.1.2) und eine Beleuchtung der Konvergenzkriterien (Kap. 2.1.3), welche als Voraussetzung für den Eintritt in die EWU galten, zusammenfasst. Um die praktische Analyse vorzubereiten, widmet sich Kapitel 2.1.4 dem Euro als gemeinsame Währung der EWU. Dabei werden sowohl die Mechanismen der Währungsbildung (Kap. 2.1.4.1), als auch die Auswirkungen steigender und sinkender Euro-Kurse (Kap. 2.1.4.2) dargestellt. Gleichermaßen gibt es einen Überblick über die Marktteilnehmer und ihre Intentionen (Kap. 2.1.4.3).

Der zweite Block der theoretischen Analyse liefert einen grundlegenden Überblick zu Ratingagenturen (Kap. 2.2). In diesem Zusammenhang werden die Ziele und Aufgaben der Ratingagenturen (Kap. 2.2.1) sowie aktuelle Regulierungsmaßnahmen (Kap. 2.2.2) zusammengefasst. Anschließend wird ein Überblick zu den am Markt agierenden Ratingagenturen gegeben (Kap. 2.2.3). Das Kapitel 2.2.4 liefert anschließend Informationen zu amerikanischen Ratingagenturen und ihrem weltweiten Einfluss. Dafür werden zunächst die wichtigsten amerikanischen Ratingagenturen (Kap. 2.2.4.1) vorgestellt und ein Überblick zu ihrem Finanzierungsmodell als auch der Investorenstruktur (Kap. 2.2.4.2) gegeben. Daran schließt sich eine Übersicht zum weltweiten Einfluss der Agenturen in Kapitel 2.2.4.3 an. Da sich die hier vorliegende Arbeit damit beschäftigt zu analysieren, inwiefern amerikanische Ratingagenturen einen Einfluss auf die Krise der EWU ausüben, spiegelt Kapitel 2.2.5 hingegen Beispiele zur gegensätzlichen Version, dem politischen Einflüssen auf die Ratingagenturen, wieder.

Im dritten Block widmet sich die vorliegende Arbeit dem Rating und Verfahren zur Ratingermittlung (Kap. 2.3). Dieses schließt eine Aufstellung von Ratingzielen (Kap. 2.3.1), Anwendungsbereichen von Ratings (Kap. 2.3.2), rechtlichen Rahmenbedingungen eines Ratings (Kap. 2.3.3) und schließlich einen Überblick über die Verfahren zur Ratingermittlung bei Staatsanleihen der jeweiligen amerikanischen Ratingagenturen (Kap. 2.3.4) ein. Die kritische Würdigung in Kapitel 2.4 führt die drei Blöcke zusammen und spiegelt die Zusammenhänge kritisch wider.

Auf die theoretische Aufarbeitung folgt die praktische Analyse in Kapitel 3. Hier wird in Kapitel 3.1 zunächst eine Chronik der Euro-Krise vorgelegt, welche sowohl einen allgemeinen Überblick über den Ablauf der Krise (Kap. 3.1.1), die Entwicklung des Euro-Kurs im Krisenzeitraum (Kap. 3.1.2) als auch die getroffenen Ratingentscheidungen im Krisenverlauf (Kap. 3.1.3) enthält.

Kapitel 3.2 widmet sich der statistischen Analyse der formulierten Zielstellung dieser Arbeit. Dabei wird zunächst eine Übersicht zur Auswahl des Analyseverfahrens (Kap. 3.2.1) gegeben, sowie anschließend die statistische Analyse durchgeführt und erzielte Ergebnisse (Kap. 3.2.2) dokumentiert. Das Kapitel 3.4 spiegelt die vorangegangene praktische Analyse kritisch wider und führt mögliche ergänzende Untersuchungen auf..

In Kapitel 4 werden schließlich die Ergebnisse aus der theoretischen als auch praktischen Bearbeitung zusammengeführt und ein Fazit erarbeitet. Gleichzeitig soll mit der Würdigung der Idee einer intensiveren Regulierung von amerikanischen Ratingagenturen, als auch der Bewertung einer Einführung einer europäischen Ratingagentur ein Ausblick auf die zukünftige Entwicklung des Themas gegeben.

2. Theoretische Grundlagen zur Analyse des Einflusses amerikanischer Ratingagenturen

2.1 Europäische Währungsunion

2.1.1 Meilensteine auf dem Weg zur Europäischen Währungsunion

Die Geschichte der EWU hat ihren Ursprung bereits Ende 1969. Auf dem Gipfeltreffen der damaligen Europäischen Gemeinschaft bekräftigten die Staatschefs ihren Willen zur schrittweisen Einführung einer echten Wirtschafts- und Währungsunion.[42] Die 1960er waren geprägt von einem gestiegenen Warenaustausch zwischen Europa und den USA. Damit einhergehende Wechselkursrisiken hinterließen jedoch negative Spuren im Wirtschaftskreislauf der EG-Staaten.[43] Dies mündete schließlich in dem Auftrag die Weiterentwicklung der EG zu einer Wirtschafts- und Währungsunion prüfen zu lassen.[44] Die Ergebnisse dieser Prüfung wurden 1970 im sog. „Werner-Plan" präsentiert. Der Plan sah vor, bis 1980 in der EG stufenweise eine Währungsunion mit einer einheitlichen Währung einzurichten.[45] Der Plan scheiterte jedoch nur ein Jahr später mit dem Zusammenbruch des Bretton-Woods-Systems,[46] als auch an der beschleunigten Inflation sowie der Freigabe von Wechselkursen mehrere Mitgliedsstaaten.[47] Die Schaffung einer EWU war zunächst in weite Ferne gerückt.

Unter der Führung von Deutschland und Frankreich folgte 1978 jedoch der Beschluss zur Errichtung des Europäischen Währungssystems (EWS), welcher dann ein Jahr später in Kraft trat.[48] Dies gilt gemeinhin als Grundsteinlegung der EWU.[49] Unter dem EWS verpflichteten sich die Mitgliedsstaaten zu festen Wechselkursen sowie zur Absicherung bestimmter Schwankungsbreiten für die Wechselkurse.[50] So sollten die schädlichen Auswirkungen instabiler Wechselkurse auf Handel- und Investitionstätigkeiten verringert werden.[51] Im

---

[42] Vgl. Europa (2012a), o.S.
[43] Vgl. Poser, A. M. (1998), S. 43.
[44] Vgl. Hirschburger, U./Zahorka, H.-J. (1996), S. 17; Fleischhauer, J. et al. (2010), S. 22.
[45] Vgl. Schröder, G. W./Arndt, H.-P. (1998), S. 20; El-Agraa, A. (2011), S. 27.
[46] Das Bretton-Woods-System wurde 1944 zwischen den weltweit wichtigsten Industriemächten vereinbart und beinhaltet die Verpflichtung aller Beteiligten ihre Währung an den Goldpreis zu binden um somit die internationale Währungsstabilität zu unterstützen. Das System zerfiel mit der Aufkündigung der Goldeinlösungspflicht des US-Dollars durch Präsident Nixon [Vgl. Panić, M. (2000), S. 37f.; Holtham, G. (2000), S: 232; Europäische Kommission (2012b), S. 2.].
[47] Vgl. Hirschburger, U./Zahorka, H.-J. (1996), S. 17.
[48] Vgl. Hirschburger, U./Zahorka, H.-J. (1996), S. 17; Stocker, F. (2001), S. 2; Fleischhauer, J. et al. (2010), S. 22; Europäische Kommission (2012b), S. 3.
[49] Vgl. Busch, B./Matthes, J. (2012), S. 1.
[50] Vgl. Fleischhauer, J. et al. (2010), S. 22; Stocker, F. (2001), S. 2; Hirschburger, U./Zahorka, H.-J. (1996), S. 17.
[51] Vgl. Europäische Kommission (2012b), S. 4.

selben Schritt wurde die European Currency Unit (ECU) als gemeinsame Korbwährung[52] des EWS eingeführt.

Unter der Leitung von Jacques Delors wurde 1988 der Ausschuss zur Prüfung der Wirtschafts- und Währungsunion (WWU) eingerichtet. Der Ausschuss legte ein Jahr später einen Bericht vor, nach welchem für die WWU fünf Ziele definiert wurden:[53]

- Vollständige Liberalisierung des Kapitalverkehrs
- Umfassende Integration der Finanzmärkte
- Unumkehrbare Konvertierbarkeit der Währungen
- Unwiderrufliche Festlegung der Wechselkurse
- Ersatz der nationalen Währungen durch eine einheitliche Währung

Der Bericht führte im Juni 1989 zur Verabschiedung eines Drei-Stufen-Plans zur Schaffung einer WWU, welcher 1991 in den Vertrag von Maastricht mündete.[54] Damit einigten sich die Teilnehmerstaaten auf die Einführung einer gemeinsamen Währung. Hierfür wurde folgender Zeitplan entworfen (vgl. Tabelle 1).[55]

1. Stufe (01.07.1990 – 31.12.1993)	2. Stufe (01.01.1994 – 31.12.1998)	3. Stufe (ab 01.01.1999)
<ul><li>Vollständige Liberalisierung des Kapitalverkehrs</li><li>Engere Kooperation der Wirtschafts- und Finanzpolitik</li><li>Verstärkte Zusammenarbeit der Zentralbanken</li></ul>	<ul><li>Gründung des Europäischen Währungsinstituts (EWI) sowie 1998 Überführung in die Europäische Zentralbank (EZB)</li><li>Verstärkte Bemühung um wirtschaftliche Konvergenz</li><li>Unabhängigkeit der nationalen Zentralbanken</li><li>Entscheidung über die Teilnehmerstaaten</li></ul>	<ul><li>Unwiderrufliche Fixierung der Währung sowie der Wechselkurse</li><li>EZB übernimmt die geld- und währungspolitische Richtlinienkompetenz</li><li>Einführung des Euro als Buchgeld sowie später (2002) als Bargeld</li></ul>

Tabelle 1: Stufenplan zur Schaffung einer WWU
Quelle: Eigene Darstellung in Anlehnung an Schröder, G. W./Arndt, H.-P. (1998), S. 29; Hirschburger, U./Zahorka, H.-J. (1996), S. 21; Stocker, F. (2001), S. 55ff.; Blanchard, O. (2003), S. 452.

---

[52] Als Korbwährung wird der Zusammenschluss mehrerer Währungen zu einer künstlichen Währungseinheit verstanden [Vgl. Stocker, F. (2001), S. 152.].
[53] Europäische Kommission (2012b), S. 5.
[54] Vgl. Busch, B./Matthes, J. (2012), S. 1; Fontaine, P. (2011), S. 45.
[55] Vgl. Schröder, G. W./Arndt, H.-P. (1998), S. 29; Hirschburger, U./Zahorka, H.-J. (1996), S. 21.

Der damalige Bundeskanzler der BRD, Helmut Kohl, bezeichnete das Übereinkommen als eine grundlegende Weichenstellung für die Zukunft Europas.[56]

Der Beginn der Währungsunion, welcher mit dem Beginn der dritten Stufe des Maastrichter Stufenplans, einhergeht, ist nicht gleichzusetzen mit der Einführung des Euro als gemeinsame Währung. Der Euro ersetzte 1999 zwar die nationalen Währungen, jedoch zunächst nur als Buchgeld.[57] Die physische Einführung des Euro in Form von Banknoten und Münzen erfolgt für die Teilnehmerstaaten sukzessiv und im Rahmen einer dreijährigen Übergangsphase.[58]

Zum Jahresende 2012 bestand die Europäische Union (EU) aus 27 Mitgliedsstaaten (vgl. Abb. 3; grün markierte Länder), welche von 1952 bis 2007 ihren Beitritt zur Gemeinschaft fanden.[59] Seit 2010 befinden sich neun weitere Länder (vgl. Abb. 3; grau markiert) in Beitrittsverhandlungen. Über deren Abschluss ist jedoch noch nicht endgültig befunden. Es gilt jedoch als sicher, dass Kroatien als 28. Mitglied in den Kreis der EU-Länder aufgenommen wird.[60]

Abbildung 3: Mitgliedsstaaten und Beitrittskandidaten der EU im Jahr 2012
Quelle: Entnommen aus Europa (2012b), o.S.

[56] Vgl. Fleischhauer, J. et al. (2010), S. 21.
[57] Vgl. Europäische Kommission (2012a), o.S.
[58] Vgl. Europäische Kommission (2012b), o.S.
[59] Vgl. Europa (2012c), S. 7; Archick, K./Mix, D. E. (2011), S. 180.
[60] Vgl. Fontaine, P. (2011), S. 14.

2.1.2 Angestrebte Ziele der Europäischen Währungsunion

Der 1989 eingereichte Bericht des Prüfungsausschusses zur Schaffung einer WWU enthielt bereits Ziele, welche mit der Einrichtung einer Währungsunion verfolgt werden sollten (vgl. Kap. 2.1.1).[61] Sie ordnen sich jedoch drei oberen Zielen unter, die mit der Schaffung einer Währungsunion grundsätzlich angestrebt wurden (vgl. Abb. 4).

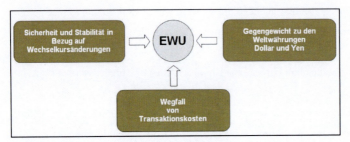

Abbildung 4: Die drei Oberziele der Europäischen Währungsunion
Quelle: Eigene Darstellung in Anlehnung an Hasse, R. (1999), S. 36f.; Hirschburger, U./Zahorka, H.-J. (1996), S. 54; Stocker, F. (2001), S. 7; Stocker, F. (2001), S. 59ff.; Hasse, R./Starbatty, J. (1997), S. 121; Cuthbertson, K./Nitzsche, D. (2005), S. 552.

In der Literatur wird mehrfach herausgestellt, dass die Schaffung eines einheitlichen Geld- und Finanzmarktes vorrangig gesteigerte Sicherheit und Stabilität in Bezug auf Wechselkurs- änderungen oder -schwankungen bedeuten sollte.[62] Die erhöhte Sicherheit führt zum Wegfall von Aufwendungen für Wechselkurssicherungen, welches wiederum in gesunkenen Kosten für Produktion und Investition mündet.[63] Gleichzeitig sollte der Wegfall von Transaktionskos- ten[64] ein besseres Wirtschaften ermöglichen.[65] Parallel dazu erschien auch das gesteigerte Gewicht, welches ein gemeinschaftliches Europa zukünftig im Vergleich zu den Weltwäh- rungen US-Dollar und Yen haben würde, als erstrebenswert.[66]

Die unterzeichnenden Mitgliedsstaaten der EWU beschrieben im Vertrag über die Europäi- sche Union die Ziele wie folgt:[67]

---

[61] Vgl. Europäische Kommission (2012b), S. 5.
[62] Vgl. Hasse, R. (1999), S. 36f.
[63] Vgl. Stocker, F. (2001), S. 61.
[64] Unter Transaktionskosten werden alle Kosten, die im Zusammenhang mit Vertragsabschlüssen entstehen, verstanden. Im Zusammenhang mit der Einheitswährung sind hier wegfallende Informations-, Wechsel- und Kurssicherungskosten zu benennen [Vgl. Brunner, S./ Kehrle, K. (2012), S. 226; Stocker, F. (2001), S. 62].
[65] Vgl. Stocker, F. (2001), S. 7; Stocker, F. (2001), S. 59.
[66] Vgl. Hirschburger, U./Zahorka, H.-J. (1996), S. 54; Stocker, F. (2001), S. 63.
[67] Eur-Lex (1992), o.S.

- Schaffung eines ausgewogenen und dauerhaften wirtschaftlichen und sozialen Fortschritts innerhalb der EWU
- Schaffung einer außen- und sicherheitspolitischen Größe im internationalen Vergleich
- Einführung einer Unionsbürgerschaft um Rechte und Interessen der Bürger der EWU zu stärken
- Schaffung eines gemeinschaftlich arbeitenden Bereiches für Justiz und Inneres
- Wahrung des gemeinschaftlichen Besitzes sowie seine Weiterentwicklung

Flankiert werden diese explizit festgeschriebenen Ziele von weiteren Willenserklärungen, wie bspw. der Absicht mit der EU den Frieden zwischen den Mitgliedsstaaten zu sichern um den EU-Bürgern ein Leben in Sicherheit gewährleisten zu können.[68]

2.1.3 Konvergenzkriterien als Voraussetzung zur Aufnahme in die Währungsunion

Damit Staaten grundsätzlich die Möglichkeit erhalten Mitglied der EU zu werden, müssen sie drei Voraussetzungen erfüllen: Demokratie, Rechtsstaatlichkeit und Wirtschaftspolitik.[69] Faktoren, welche die Wirtschaftspolitik betreffen, sind in den sog. Konvergenzkriterien festgelegt. Diese sind, die im Vertrag von Maastricht festgelegten Zutrittsbedingungen zur EWU.[70] Die Kriterien sollen sicherstellen, dass die Teilnehmerländer ein ausreichendes und stabiles Maß an wirtschaftlicher Übereinstimmung aufweisen und somit gewährleisten, dass die EWU sich nicht zu einer Inflationsgemeinschaft oder Transferunion entwickelt.[71]

Die folgenden vier Konvergenzkriterien wurden als Anforderung an Mitgliedsanwärter von den Unterzeichnerstaaten beschlossen (vgl. Abb. 5):

---

[68] Vgl. Fontaine, P. (2011), S. 4.
[69] Vgl. Archick, K./Mix, D. E. (2011), S. 183.
[70] Vgl. Stocker, F. (2001), S. 151.
[71] Vgl. Bünning, L. (1997), S. 23; Institut Finanzen und Steuern e.V. (1993), S. 7; Europäische Kommission (2012b), o.S.

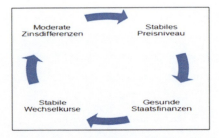

Abbildung 5: Konvergenzkriterien des Maastricht-Vertrags
Quelle: Eigene Darstellung in Anlehnung an Apholte, A. et al. (1996), S. 38; May, H. (2006), S. 401; Stocker, F. (2001), S. 151: Mayes, D./El-Agraa, A. (2011), S. 169.

Unter stabilem Preisniveau verbirgt sich die Anforderung an die Mitgliedsanwärter eine anhaltende Preisstabilität des Landes für die vergangenen Jahre nachweisen zu müssen. Gleichfalls darf die Inflationsrate nicht mehr als 1,5 Prozentpunkte über der Inflationsrate der drei preisstabilsten Länder der EU liegen.[72] Dieses Kriterium galt als das wichtigste und unumstrittenste der vier Konvergenzkriterien.[73] Denn schon der Ursprungsgedanke zur Schaffung einer gemeinsamen Wirtschafts- und Währungsunion resultierte u.a. aus den negativ wirkenden Wechselkursrisiken (vgl. Kap. 2.1.1).[74]

Das zweite Kriterium der gesunden Staatsfinanzen besagt, dass der betreffende Mitgliedsanwärter kein übermäßiges Haushaltsdefizit haben darf.[75] Dies bedeutet, dass die jährliche Neuverschuldung höchstens drei Prozent des BIP, sowie die Gesamtverschuldung maximal 60 Prozent des BIP betragen darf.[76]

Das dritte Kriterium, Wechselkursstabilität, fordert, dass die Währung eines Beitrittsstaates seit mindestens zwei Jahren die vorgesehenen Bandbreiten des EWS-Wechselkursmechanismus ohne starke Spannungen eingehalten haben muss.[77] Gleichfalls darf das Land innerhalb dieses Zeitraums den Leitkurs seiner Währung gegenüber dem Euro nicht von sich aus abgewertet haben.[78]

---

[72] Vgl. Eur-Lex (1992), o.S.; Mayes, D./El-Agraa, A. (2011), S. 169.
[73] Vgl. Schröder, G. W./Arndt, H.-P. (1998), S. 32
[74] Vgl. Europäische Kommission (2012b), o.S.; Poser, A. M. (1998), S. 43.
[75] Vgl. Eur-Lex (1992), o.S.; Mayes, D./El-Agraa, A. (2011), S. 169.
[76] Vgl. Eur-Lex (1992), o.S.; May, H. (2006), S. 401; Apholte, A. et al. (1996), S. 38; Mayes, D./El-Agraa, A. (2011), S. 169.
[77] Vgl. ebd.
[78] Vgl. Eur-Lex (1992), o.S.

Im vierten Kriterium, den moderaten Zinsdifferenzen, ist festgeschrieben, dass die langfristigen Zinssätze des betreffenden Landes maximal zwei Prozentpunkte höher liegen dürfen, als der kombinierte Wert der drei preisniveaustabilsten Länder.[79]

2.1.4 Euro als gemeinsame Währung

2.1.4.1 Mechanismen der Euro-Währungsbildung

Der Euro ist eine sog. Devise, unter welcher auf ausländische Währungen lautende Guthaben oder Forderungen zu verstehen sind.[80] Da eine nationale Währung nur Zahlungsmittel für den jeweiligen Währungsraum ist, ist es notwendig ausländische Währungen gegen die eigene Währung zu erwerben um ausländische Güter beziehen zu können.[81] Dies bedeutet, dass die Existenzen von Volkswirtschaften mit unterschiedlichen Währungen einen Markt notwendig macht, auf welchen Währungen getauscht werden können. Dies ist der sog. Devisenmarkt.[82]

Das Tauschverhältnis zwischen zwei Währungen, inländisch und ausländisch, wird als Wechselkurs bezeichnet. Dabei wird der Preis der ausländischen Währung in Einheiten der inländischen Währung ausgedrückt.[83] Hier ist zwischen den Systemen flexibler und fester Wechselkurse zu unterscheiden. Als Unterscheidungskriterium dienen dabei die Art der Bestimmung des Wechselkurses, Reaktion auf Angebot und Nachfrage nach der Währung und die Rolle der Zentralbank. Die unterschiedlichen Ausprägungen dieser Kriterien sind in der folgenden Tabelle aufgeführt (vgl. Tabelle 2):

System flexibler Wechselkurse	System fester Wechselkurse
• Wechselkurse werden durch Angebot und Nachfrage am Devisenmarkt bestimmt	• Einseitige bzw. zwischenstaatlich vereinbartes Austauschverhältnis zwischen zwei Währungen
• Auf- und Abwertungen der Währung ergeben sich aus den Angebots- und Nachfrageüberschüssen	• Im Falle eines Nachfrageüberschusses muss die Zentralbank Devisen bereit stellen
• Zentralbank kann intervenieren	• Im Falle eines Angebotsüberschusses muss die Zentralbank Überschüsse aufkaufen.

Tabelle 2: Unterschiede flexibler und fester Wechselkurssysteme
Quelle: Eigene Darstellung in Anlehnung an Brunner, S./Kehrle, K. (2012), S. 680; Mussel, G./Pätzold, J. (2012), S. 234.

---

[79] Vgl. Eur-Lex (1992), o.S.; May, H. (2006), S. 401; Apholte, A. et al. (1996), S. 38; Mayes, D./El-Agraa, A. (2011), S. 169.
[80] Vgl. Brunner, S./Kehrle, K. (2012), S. 679; Metz, D. (2006), S. 31;
Devisen sind von Sorten abzugrenzen. Denn unter Sorten werden Münzen und Banknoten und unter Devisen sog. Buchgeld verstanden [Vgl. Metz, D. (2006), S. 31; Brunner, S./Kehrle, K. (2012), S. 679.].
[81] Vgl. Brunner, S./Kehrle, K. (2012), S. 679; Kendall, D./Sankowski, M. (2009), S. 2.
[82] Vgl. Brunner, S./Kehrle, K. (2012), S. 679; Ehlers, U. (2010), S. 200.
[83] Vgl. Metz, D. (2006), S. 33.

Die EU unterliegt dem System flexibler Wechselkurse (vgl. Kap. 2.1.1 und 2.1.2). Dies bedeutet, dass der Wechselkurs durch Angebot und Nachfrage am Devisenmarkt bestimmt wird (vgl. Abb. 6, Teilabbildung 1.).[84] Zu einer Nachfrage nach dem Euro, d.h. zu einem Devisenangebot, kommt es stets im Falle von Exporten in das Ausland, oder durch den Kauf von Gütern oder Dienstleistungen durch das Ausland im Inland.[85] Für die Devisennachfrage gilt das vorab ausgeführte vice versa.

Für die Wechselkursentwicklung gibt es verschiedene Einflussfaktoren, die entweder zu einer Auf- oder Abwertung der inländischen Währungen führen. Drei beispielhaft ausgewählte Faktoren, welche den Euro aufwerten, also einen steigenden Wechselkurs bewirken, sind:[86]

- Wirtschaftlicher Aufschwung im Ausland, welcher zu steigenden Exporten im Euroraum führt und damit die Nachfrage nach dem Euro erhöht.
- Höhere Zinsen auf inländischen Kapitalmärkten führen bei ausländischen Anlegern zu einer gesteigerten Währungsnachfrage.
- Eine inflationäre Entwicklung auf dem ausländischen Markt, welcher zu steigenden Exporten im Euroraum führt.

Wechselkursabwertungen des Euro, also sinkende Wechselkurse, sind bspw. die Folge von:[87]

- Einem Wirtschaftsaufschwung im Inland, welcher eine erhöhte Nachfrage nach ausländischen Gütern mit sich bringt.
- Preissteigerungen im Inland, welche im Falle von konstanten Preisen auf ausländischen Märkten gleichfalls zu einer gestiegenen Importnachfrage führen.
- Einer expansiven Geldmengenpolitik, welche durch steigende Kaufkraft, eine Erhöhung der Preise mit sich bringt, und somit zu einer gesteigerten Nachfrage nach ausländischen Gütern und Dienstleistungen führt.

Die folgenden Abbildungen veranschaulichen, wie sich die Angebots- (A) und Nachfragefunktionen (N) im Falle von Währungsauf- (Teilabbildung 2.) und Währungsabwertung (Teilabbildung 3.) verhalten (vgl. Abb. 6).

---

[84] Vgl. Metz, D. (2006), S. 18; Ehlers, U. (2010), S. 200.
[85] Vgl. Brunner, S./Kehrle, K. (2012), S. 679.
[86] Vgl. Ehlers, U. (2010), S. 201ff; Sperber, H. (2012), S. 366.
[87] Vgl. Ehlers, U. (2010), S. 203f; Sperber, H. (2012), S. 366.

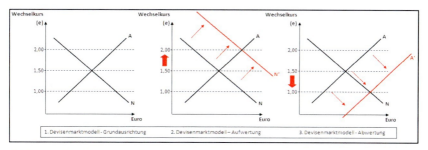

Abbildung 6: Mechanismen der Währungsbildung im Devisenmarkt
Quelle: In Anlehnung an Ehlers, U. (2010), S. 200ff

Teilabbildung 1. zeigt die Grundausrichtung des Devisenmarktmodells als Preis (e)-Mengen (Euro)-Diagramm. Die Nachfragefunktion (N) hat einen fallenden Verlauf, denn je höher der Wechselkurs desto geringer die Nachfrage nach dem Euro. Die Angebotsfunktion (A) hat einen steigenden Verlauf, da bei einem hohen Wechselkurs, der Import von Waren aus dem Ausland günstiger ist.[88] Beide Kurven bilden so einen Gleichgewichtswechselkurs, welcher in dem hier dargestellten Beispiel bei 1,50 liegt. Dies bedeutet, dass ein Euro dann 1,50 Einheiten einer fremdländischen Währung wert ist. Im Falle einer Währungsaufwertung (Teilabbildung 2.) gibt es eine gesteigerte Nachfrage nach dem Euro auf dem Devisenmarkt, was eine Verschiebung der Nachfragekurve (N → N') zur Folge hat.[89] Damit einher geht gleichzeitig ein gestiegener Gleichgewichtskurs, welcher in diesem Modell nun bei 2,00 Einheiten einer fremdländischen Währung liegt. Währungsabwertungen (Teilabbildung 3.) hingegen wirken sich auf die Angebotsfunktion aus. Gesteigerte Nachfragen nach ausländischen Gütern oder Dienstleistungen führen zu einem gesteigerten Angebot an Euro und verschieben die Angebotsfunktion (A → A').[90] Dies hat zur Folge, dass sich der Gleichgewichtswechselkurs auf 1,00 Einheiten einer fremdländischen Währung absenkt.

Diese drei Modelle veranschaulichen theoretisch die Mechanismen der Währungsbildung als Folge des Zusammenspiels von Angebot und Nachfrage am Devisenmarkt. Die daraus ableitbaren konkreten Auswirkungen auf eine Volkswirtschaft klärt das folgende Kapitel.

---

[88] Vgl. Ehlers, U. (2010), S. 200f.
[89] Vgl. Ehlers, U. (2010), S. 202.
[90] Vgl. Ehlers, U. (2010), S. 204; Mussel, G./Pätzold, J. (2012), S. 233.

2.1.4.2 Auswirkungen von steigenden und sinkenden Euro-Kursen

Steigende und sinkende Euro-Kurse (bzw. die Währungsauf- und Währungsabwertungen des Euro) nehmen konkreten Einfluss auf die gesamtwirtschaftliche Entwicklung.[91] Daher wird im Rahmen dieser Arbeit der Eurokurs auch als Bezugsgröße herangezogen, um die Krise der Europäischen Währungsunion aufzuzeigen.

Die folgende Übersicht gibt Aufschluss darüber, welche typischen Auswirkungen steigende und sinkende Euro-Kurse haben. Dabei zeigen positiv markierte Punkte (+) Auswirkungen mit positivem und negative Punkte (-) Auswirkungen mit negativem Effekt auf (vgl. Tabelle 3).

Auswirkung eines steigenden Euro-Kurses (Aufwertung)	Auswirkung eines sinkenden Euro-Kurses (Abwertung)
+ Importe, wie bspw. Rohstoffe, werden günstiger	+ gesteigerte Exportaktivitäten aufgrund verbilligter inländischer Produkte
+ Dadurch sinkende Preise für Endprodukte	+ Sinkende Importnachfrage der inländischen Konsumenten
+ Dadurch gesteigerte Konsumnachfrage	+ Nachfrage nach heimischen Produkten führt zu gesteigerter Produktion
- Verteuerung der Exportgüter auf dem ausländischen Markt → sinkende Exportnachfrage	- Steigende Rohstoffpreise im Inland
- Dies führt ggf. zu sinkender Produktion und sinkendem Einkommen	- Erhöhung der Importpreise, welche ggf. zu einem Gesamtanstieg des inländischen Preisniveaus führen können
- Steigende Nachfrage nach ausländischen Gütern und Dienstleistungen führt zu sinkendem gesamtwirtschaftlichem Angebot inländischer Produzenten	
- Ausländische Investoren verzichten auf geplante Investitionsprojekte	

Tabelle 3: Typische Auswirkungen steigender und sinkender Euro-Kurse
Quelle: Eigene Darstellung in Anlehnung an Weeber, J. (2011), S. 84f.; Ehlers, U. (2010), S. 202ff.; Sperber, H. (2012), S. 329f.; Harris, L. (2003), S. 32.

Es bleibt festzuhalten, dass eine Aufwertung des Euro den Anstieg von Export- sowie das Sinken von Importgüterpreisen zur Folge hat. Dies bedeutet eine Verschlechterung der Wettbewerbssituation im internationalen Vergleich.[92] Für Exportnationen, wie es bspw. Deutschland ist, scheint dies eher ein ungewünschter Verlauf zu sein, obgleich sinkende Preise für Endprodukte dem einzelnen Privatkonsumenten entgegen kommen.[93]

---

[91] Vgl. Weeber, J. (2011), S. 84; Ehlers, U. (2010), S. 201.
[92] Vgl. Weeber, J. (2011), S. 87.
[93] Vgl. Wildmann, L. (2007), S. 93.

2.1.4.3 Marktteilnehmer und ihre Intentionen

Am Devisenmarkt treffen verschiedene Marktteilnehmer mit zumeist unterschiedlichen Intentionen aufeinander. Die folgende Übersicht gibt einen kurzen Einblick in die Thematik (vgl. Tabelle 4):

Marktteilnehmer	Orientierung	Intention
Unternehmen	langfristig	• Risiken aus Fremdwährungspositionen in der Bilanz zu minimieren • Spekulation auf Wechselkursänderungen zur zusätzlichen Gewinnerzielung (eher unüblich)
Geschäftsbanken	eher langfristig	• Ausführen von Aufträgen, welche durch Unternehmen, die nicht direkt am Markt teilnehmen, beauftragt werden • Eigenhandel • Fremdwährungskredite
Zentralbanken	eher langfristig	• Abwicklung und Vermittlung von Fremdwährungszahlungen und Devisengeschäften • Wechselkursinterventionen[94]
Kapitalanlagegesellschaften (bspw. Hedgefonds)	langfristig & kurzfristig	• Teilnahme am Devisenmarkt um Währungen zu konvertieren • Gewinnerzielung durch Spekulationen auf Wechselkursveränderungen
Privatpersonen	langfristig	• Fremdwährungskredite • Geldanlagen außerhalb einer Währungsunion • Devisenhandel (z. Zt. Noch sehr selten)

Tabelle 4: Marktteilnehmer am Devisenmarkt und ihre Intentionen
Quelle: Eigene Darstellung in Anlehnung an Metz, D. (2006), S. 21ff.

Die unterschiedlichen Ziele der Marktteilnehmer, deren Erreichung mit unterschiedlich gefristeter Orientierung getrieben wird, und ihr dementsprechendes Handeln sind mit unter Einflussfaktoren auf Schwankungen am Devisenmarkt.[95]

---

[94] Solche Interventionen zielen darauf ab den Wechselkurs einer emittierten Währung zu beeinflussen, bspw. um der lokalen Wirtschaft ein attraktives Preisniveau zu bieten [Vgl. Metz, D. (2006, S. 28.].
[95] Vgl. Metz, D. (2006), S. 21.

2.2 Grundlegender Überblick zu Ratingagenturen

2.2.1 Ziele und Aufgaben von Ratingagenturen

Die Geschichte der Ratingagenturen beginnt aus dem persönlichen Interesse eines Händlers heraus. Dieser begann um 1841 die Fähigkeiten von Kaufleuten, ihren Verbindlichkeiten nachzukommen, zu bewerten.[96] 1890 folgte die Poor's Publishing Company diesem Vorgehen und veröffentlichte ein Handbuch, welches verschiedene Investmenttypen analysierte (vgl. Kap. 2.2.4.1.1). John Moody stellte um 1907 dann den historischen Anfang des Ratingge- schäfts, als er in seinem "Report on Railroad Bonds" Bewertungsergebnisse in drei Zeichen fest hielt (vgl. Kap. 2.2.4.1.2).[97] Es war also die Zeit der Industrialisierung, welche gemeinhin die Notwendigkeit nach einer professionell strukturierten Form der Bonitätsauskunft schuf.[98]

Ratingagenturen sind quasi die Verkörperung solcher Formen und haben ihre Hauptaufgabe in der Bewertung der Kreditwürdigkeit der Teilnehmer an den Finanzmärkten.[99] Ihre Ratings bilden eine professionelle Beurteilung von Bonitäten und Prognostizierung von Ausfallwahr- scheinlichkeiten (vgl. Kap. 2.3.1).[100] Sie verfolgen so das Ziel den Kreditgeber vor ökonomi- schen Schäden zu schützen, die durch einen Kreditausfall verursacht werden. Gleichzeitig werden durch die Arbeit der Ratingagenturen Informationsasymmetrien zu Gunsten des Gläubigers weitgehend ausgeräumt.[101] Ebenso bieten die Agenturen, bspw. Emittenten, Unternehmen und Staaten die Möglichkeit zur Selbstpräsentation und Stärkung der Verhand- lungsposition, aufbauend auf positiven Ratings.[102]

2.2.2 Aktuelle Regulierungsmaßnahmen von Ratingagenturen

Bis zur Finanzmarktkrise (seit 2009) gab es in Europa keine Regulierung der Ratingagentu- ren.[103] Bis dahin hatten die Agenturen lediglich die Möglichkeit, sich freiwillig dem vom IOSCO herausgegebenem Verhaltenskodex *Code of Conduct Fundamentals for Credit Rating Agencies* zu verschreiben.[104] Eine Erkenntnis der Krise war jedoch, dass sowohl Zulassungs- pflicht als auch Aufsicht über Ratingagenturen notwendig sind. Regelungen dieser Art

---

[96] Vgl. Prager. C. (2012), S. 57; Piwald, W. (2005), S. 18.
[97] Vgl. Prager. C. (2012), S. 57.
[98] Vgl. Piwald, W. (2005), S. 18.
[99] Vgl. Hiß, S./Nagel, S. (2012), S. 26.
[100] Vgl. Hiß, S./Nagel, S. (2012), S. 26; Piwald, W. (2005), S. 11.
[101] Vgl. Prager, C. (2012), S. 63; Hiß, S./Nagel, S. (2012), S. 28.
[102] Vgl. Prager, C. (2012), S. 64; Hauser, M./Warns, C. (2008), S. 215.
[103] Vgl. Hiß, S./Nagel, S. (2012), S. 48.
[104] Vgl. IOSCO (2008), S. 1ff.; Everling, O./Linh Trieu, M. (2007), S. 107f.

wurden in der EU-Verordnung 1060/2009 schriftlich festgehalten.[105] Die Verordnung soll sicherstellen, dass abgegebene Ratings „von angemessener Qualität sind und von Ratingagenturen abgegeben werden, die strengen Anforderungen unterliegen".[106]

Um u.a. die angemessenen Qualität von Ratings sicher zu stellen, einigte sich die EU mit den Nationalregierungen auf ein noch zu verabschiedendes Gesetzespaket.[107] Zu diesem sollen u.a. die folgenden Regelungen gehören:[108]

- Die Ratingagenturen legen am Ende eines Jahres für das folgende Jahr drei Tage fest, an denen sie ein unaufgefordertes Urteil über einen Staat abgeben (Rating Calendar)
- Die Bekanntgabe der Ratings soll zudem außerhalb der Handelszeiten und auf einer europäischen Plattform erfolgen
- Transparente Offenlegung der Ratingkriterien
- (Absichtlich) falsche Ratings führen künftig zu einer Haftung der Ratingagentur
- Bei der Bewertung bestimmter komplexer Papiere müssen sich die Agenturen alle vier Jahre abwechseln (Rotation)
- Die gegenseitige Beteiligung von Ratingagenturen und bewertetem Unternehmen darf 10 Prozent nicht überschreiten.

Der Beschluss zu einem sog. Rating Calendar soll zukünftig bewirken, dass Ratingentscheidungen für Staaten nicht mehr zu ungünstigen, vor allem aber in überraschenden Momenten fallen.[109] Der Verweis auf die europäische Plattform und Verpflichtung zu bestimmten Veröffentlichungszeitpunkten außerhalb von Handelszeiten hat das Ziel, nervöse Reaktionen der Märkte abzumildern. Die Rotation soll verhindern, dass sich die gewinnorientierten Rating-Agenturen mit wohlwollenden Ratings die Treue ihrer Geldgeber sichern.[110] Gleichzeitig beschloss die EU, die Abhängigkeit von den Ratingagenturen abzubauen. Dafür sollen alle EU-Gesetze auf ihre Korrelation zu Ratingentscheidung und Markreaktion hin überprüft werden.[111]

---

[105] Für IOSCO und EU-Verordnung vgl. Kap. 2.3.4;
Vgl. Kullig, S./Bertram, H. (2011), S. 75; Eur-Lex (2009), S. 1ff.
[106] Eur-Lex (2009), S. 1, Absatz (2).
[107] Vgl. Balzli, B. (2010a), S. 73; Schrörs, M. (2012), S. 14.
[108] Vgl. Europa (2012d), o.S.; Schrörs, M. (2012), S. 14.
[109] Vgl. Europa (2012d), o.S;
Dies war vor allem in der Vergangenheit häufig moniert worden [Vgl. Hagelüken, A. (2012), S. 4; Moeller, W. (2011), S. 13; Schrörs, M. (2012), S. 14.].
[110] Vgl. Europa (2012d), o.S.
[111] Vgl. Schrörs, M (2012), S. 14.

2.2.3 Überblick über am Markt agierende Ratingagenturen

In den vergangenen Jahrzehnten hat sich weltweit eine Reihe von Agenturen gebildet und auch teilweise etabliert.[112] Im Jahr 2010 zählte der Internationale Währungsfond (IWF) 74 Ratingagenturen in über 36 Ländern weltweit.[113] Der Markt für Ratings wird heute jedoch vor allem durch die drei bekanntesten amerikanischen Ratingagenturen Moody's, Standard & Poor's (S&P) und Fitch Ratings beherrscht.[114] Zusammen decken sie rund 95 Prozent des weltweiten Ratingmarktes ab (vgl. Abb. 7).

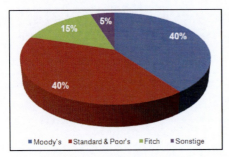

Abbildung 7: Weltweite Marktanteile der amerikanischen Ratingagenturen im Jahr 2011
Quelle: Eigene Darstellung in Anlehnung an Statista (2012), o.S.

In diesem Fall spricht man von einem Oligopolistischen Markt[115] ohne echte Konkurrenz.[116] Diese Marktkonstellation geht im Wesentlichen auf eine Entscheidung der Securities and Exchange Commission (SEC) zurück. 1975 lizensierte die SEC die sieben bekanntesten Ratingagenturen an der Wall Street mit dem Gütesiegel *Nationally Recognised Statistical Rating Organisation* (NRSRO). Durch spätere Fusionen gingen aus diesen sieben Agenturen die nun bekanntesten S&P, Moody's und Fitch hervor.[117] Die SEC entschied danach keine weiteren Agenturen mehr zuzulassen und änderte diesen Habitus erst 2003 wieder ab. Zu diesem Zeitpunkt hatten die großen drei jedoch schon eine marktbeherrschende Stellung etabliert.[118]

---

[112] Vgl. Everling, O./Linh Trieu, M. (2007), S. 98.
[113] Vgl. International Monetary Fund (2010), S. 118f.;
Allein zehn von ihnen kommen dabei aus den USA, dicht gefolgt von China (sechs Ratingagenturen) und der Türkei (fünf Ratingagenturen). Folgt man der Aufstellung des IWF existieren in Europa 12 Ratingagenturen, fünf davon in der EWU [Vgl. International Monetary Fund (2010), S. 87; International Monetary Fund (2010), S. 118f.].
[114] Vgl. Busch, B./Matthes, J. (2010), S. 3; Dohms, H.-R. (2012a), S. 1; Balzli, B. et al. (2009), S. 73; Prager, C. (2012), S. 57.
[115] Als Oligopol werden Märkte bezeichnet auf denen es nur wenige Marktteilnehmer gibt, die untereinander in einer Abhängigkeit hinsichtlich der Preisbildung stehen [Vgl. Woll, A. (2000), S. 563.].
[116] Vgl. Hiß, S./Nagel, S. (2012), S. 32; Kullig, S./Bertram, H. (2011), S. 75; Dohms, H.-R./Schreiber, M. (2012), S. 16.
[117] Vgl. Rügemer, W. (2012), S. 20.
[118] Vgl. ebd.

Gleichfalls hat in den USA die Vorschrift bestand, dass ein sog. *investment grade rating* Voraussetzung für bestimmte Investitionstätigkeiten ist. Unter dieser Vorschrift kann ein Ratingnehmer die Ratingagentur nicht einfach wechseln. Im Zweifelsfall ist höchstens das Einholen eines zweiten Ratings einer als NRSRO zertifizierten Agentur erlaubt. Da es jedoch bis 2007 nur drei Ratingagenturen mit diesem Status gab konnten sich S&P, Moody's und Fitch den Markt quasi untereinander aufteilen.[119]

Weiterhin untermauerten die USA im Zuge der Globalisierung die Dominanz der drei amerikanischen Ratingagenturen, indem sie über regulatorische Maßnahmen des Internationalen Währungsfonds (IFW) und der Bank für Internationalen Zahlungsausgleich (BIZ) eine globale Funktion der Agenturen erwirkte.[120] Die Agenturen sollten die Bewertung der Entwicklungsländer vollständig übernehmen.[121]

Ihre Dominanz bauten die amerikanischen Ratingagenturen jedoch auch dadurch aus, dass sie weltweit operieren und sich nicht nur auf ein Angebot von bestimmten Ratings spezialisiert haben.[122] Sie werden daher auch als Full-Service-Ratingagenturen bezeichnet.[123] Gleichfalls können sie auf langjährige Erfahrungen zurückgreifen und somit die hohen Markteintrittsbarrieren für potentielle Wettbewerber aufrecht erhalten.[124]

---

[119] Vgl. Hiß, S./Nagel, S. (2012), S. 39.
[120] Vgl. Rügemer, W. (2012), S. 27.
[121] Vgl. ebd.
[122] Vgl. Everling, O./Linh Trieu, M. (2007), S. 98; International Monetary Fund (2010), S. 102.
[123] Vgl. Hiß, S./Nagel, S. (2012), S. 33.
[124] Vgl. Piwald, W. (2005), S. 23.

2.2.4 Amerikanische Ratingagenturen und ihr weltweiter Einfluss

2.2.4.1 Wichtige amerikanische Ratingagenturen

2.2.4.1.1 Standard & Poor's

1860 veröffentlichte Henry Varnum Poor den Vorläufer vom *Manual of the Railroads of the United States*.[125] Das jährlich erscheinende Dokument enthielt finanzielle Einschätzungen über amerikanische Eisenbahnunternehmen und war damit quasi Vorläufer heutiger Ratings.[126] Das heute bekannte Standard & Poors entstand 1941 aus der Fusion der Standard Statistics, welches nach der Jahrhundertwende zu einer zentralen Quelle für Informationen zum Finanzmarkt geworden war, und der Poor's Publishing Company.[127] 1966 wurde S&P dann durch das Medienunternehmen McGraw-Hill übernommen.[128] Mit Stand 2008 beschäftigte das Unternehmen fast 9.000 Angestellte in 23 Ländern weltweit.[129] Damit konnte es im gleichen Jahr einen Umsatz von 2,6 Mrd. US-Dollar, sowie einen Gewinn von rund 1 Mrd. US-Dollar generieren.[130]

S&P drückt die Bonität von bewerteten Produkten des Finanzmarktes in folgenden Ratingsymbolen aus (vgl. Tabelle 5):

Ratingsymbol			Bedeutung
AAA			Beste Qualität
AA+	AA	AA-	Sichere Anlage
A+	A	A-	Prinzipiell sichere Anlage
BBB+	BBB	BBB-	Durchschnittlich gute Anlage
BB+	BB	BB-	Spekulative Anlage
B+	B	B-	Hochspekulative Anlage
CCC+	CCC	CCC-	Substanzielle Risiken/extrem spekulativ
SD			Zahlungsausfall
D			

Tabelle 5: Ratingsymbole von Standard & Poor's
Quelle: Eigene Darstellung in Anlehnung an Standard & Poor's (2012a), S. 11; Standard & Poor's (2012c), S. 12.

---

[125] Vgl. Standard & Poor's (2012d), o.S.
[126] Vgl. Hiß, S./Nagel, S. (2012), S. 32.
[127] Vgl. Standard & Poor's (2012e), o.S.; Hiß, S./Nagel, S. (2012), S. 33.
[128] Vgl. Hiß, S./Nagel, S. (2012), S. 33.
[129] Vgl. Balzli, B. et al. (2009), S. 73; Standard & Poor's (2012f), o.S.
[130] Vgl. Balzli, B. et al. (2009), S. 73.

S&P bezog seine Bezahlung zunächst nicht von Emittenten, sondern wie üblich von Investoren.[131] Doch nachdem Moody's 1971 das sog. Issuer-Pays Bezahlmodell (vgl. Kap. 2.2.4.2.1) einführte, schloss sich auch S&P diesem Modell zügig an.[132]

2.2.4.1.2 Moody's Investor Service

Moody's Investor Service (im Weiteren mit Moody's abgekürzt) ist eine Tochterfirma der Moody's Company.[133] Die Gründung des Unternehmens geht zurück auf das Jahr 1900 als John Moody das *Manual of Industrial and Miscellaneous Securities* veröffentlichte.[134] Das Dokument enthielt gesammelte Informationen zum Finanzmarkt.[135] 1909 erweiterte Moody's die ursprüngliche Informationssammlung um eine eigenständig erstellte Bewertung der finanziellen Lage von Unternehmen.[136] Diese Aktivitäten mündeten 1914 in die Gründung der Moody's Investors Service.[137] Ende 2011 beschäftigte das Unternehmen ca. 6.100 Angestellte in 28 Ländern weltweit.[138] Damit generierte das Unternehmen einen Umsatz von 1,6 Mrd. US-Dollar.[139]

Moody's drückt die Bonität von bewerteten Produkten des Finanzmarktes in folgenden Ratingsymbolen aus (vgl. Tabelle 6):

Ratingsymbol			Erläuterung
Aaa			Beste Qualität
Aa1	Aa2	Aa3	Sichere Anlagen
A1	A2	A3	Prinzipiell sichere Anlagen
Baa1	Baa2	Baa3	Durchschnittlich gute Anlagen
Ba1	Ba2	Ba3	Spekulative Anlagen
B1	B2	B3	Hochspekulative Anlagen
Caa1	Caa2	Caa3	Substanzielle Risiken
Ca			Extrem Spekulativ
C			Zahlungsausfall

Tabelle 6: Ratingsymbole von Moody's
Quelle: Eigene Darstellung in Anlehnung an Moody's (2012d), S. 5.

---

[131] Vgl. Kofner, S. (2009), S. 117.
[132] Vgl. Rügemer, W. (2012), S. 19.
[133] Vgl. Hiß, S./Nagel, S. (2012), S. 33.
[134] Vgl. Moody's (2012e), o.S.
[135] Vgl. Moody's (2012e), o.S.; Hiß, S./Nagel, S. (2012), S. 33.
[136] Vgl. ebd.
[137] Vgl. ebd.
[138] Vgl. Moody's (2012f), S. 5.
[139] Vgl. Moody's (2012f), S. 2.

Die Ratings von Moody's wurden nicht immer von den Emittenten bezahlt. Die Bezahlung übernahmen ursprünglich Investoren, die Ratingentscheidungen zur Verbesserung ihrer Anlageentscheidungen bezogen.[140] Doch 1971 stellte Moody's das System um und nahm für die Bezahlung nun die Emittenten in die Pflicht.[141] Moody's gilt somit als Vorreiter für das Issuer-Pays Bezahlmodell (vgl. Kap. 2.2.4.2.1).

2.2.4.1.3 Fitch Ratings

Fitch Ratings (im Weiteren mit Fitch abgekürzt) wurde 1913 durch John Knowles Fitch gegründet und begann seine Arbeit zunächst mit der Veröffentlichung von Finanzstatistiken.[142] 1924 erweiterte Fitch sein Serviceportfolio und bot die Bewertung von Wertpapieren an. Dabei führte das Unternehmen gleichzeitig eine Ratingskala ein (vgl. Tabelle 7).[143] Die heute existierende Fitch trat aus den Zusammenschlüssen von Fitch Investor Service mit IBCA, Duff & Phelps Credit Ratings und Thomson Bankwatch hervor, welche zwischen 1997 und 2000 stattfanden.[144]

Das Unternehmen operiert 2008 in 50 Ländern weltweit und beschäftigt 2.000 Angestellte.[145] So konnte es einen Umsatz von 727 Mio. US-Dollar sowie einen Gewinn von 286 Mio. US-Dollar generiert werden.[146] Damit ist es gleichzeitig die kleinste, der drei großen Ratingagenturen.

Fitch drückt die Bonität von bewerteten Produkten des Finanzmarktes in folgenden Ratingsymbolen aus (vgl. Tabelle 7):

---

[140] Vgl. Kofner, S. (2009), S. 117.
[141] Vgl. Rügemer, W. (2012), S. 17.
[142] Vgl. Fitch Ratings (2012f), o.S.; Hiß, S./Nagel, S. (2012), S. 33.
[143] Vgl. ebd.
[144] Vgl. Dimitrakopoulos, D./Spahr, R. (2003), S. 159; Hiß, S./Nagel, S. (2012), S. 33.
[145] Vgl. Fitch Ratings (2012f), o.S.
[146] Vgl. Balzli, B. et al (2009), S. 73.

Ratingsymbol			Bedeutung
AAA			Beste Qualität
AA+	AA	AA-	Sichere Anlage
A+	A	A-	Prinzipiell sichere Anlage
BBB+	BBB	BBB-	Durchschnittlich gute Anlage
BB+	BB	BB-	Spekulative Anlage
B+	B	B-	Hochspekulative Anlage
CCC	CC	C	Substanzielle Risiken/extrem spekulativ
D			Zahlungsausfall

Tabelle 7: Skalierung von Ratings nach Fitch
Quelle: Eigene Darstellung in Anlehnung an Fitch Ratings (2012a), S. 9ff.

So wie auch seine Wettbewerber S&P und Moody's, nutzt Fitch das Issuer-Pays Bezahlmo-dell zur Umsatzgenerierung. Das Unternehmen hatte sich, ebenso wie S&P, kurz nach der Einführung des Bezahlmodells durch Moody's, dafür entschieden.[147]

2.2.4.2 Finanzierung und Investorenstruktur amerikanischer Ratingagenturen

Ratingagenturen sind grundsätzlich gewinnorientierte Unternehmen, was impliziert, dass ihre Geschäftstätigkeiten, also auch Ratings, zum Umsatz und Gewinn beitragen müssen.[148] Dabei stehen den Ratingagenturen zwei übliche Geschäftsmodelle zur Verfügung. Beim *Subscriber-Pay* Modell zahlen Investoren oder Abonnenten (subscriber) für Einsichten in Ratingergeb-nisse. Beim *Issuer-Pay* Modell hingegen zahlt der Ratingnehmer für die Erstellung des Ratings, welches seine Kreditwürdigkeit analysiert.

Die heutige Bedeutung des *Subscriber-Pay* Modells ist eher gering. Es wird heutzutage nur noch von kleineren Agenturen genutzt.[149] Nach der Verbreitung von Kopiergeräten, die eine kostenfreie Vervielfältigung erlaubten, schied das Modell als zu unprofitabel für die großen Agenturen aus. Zur selben Zeit gab es ein Umdenken bei Herausgebern von Anleihen. Im Zuge der Pleite einer großen, amerikanischen Eisenbahngesellschaft waren diese bereit für Ratings zu bezahlen um sich das Vertrauen der Investoren zu sichern.[150] Diese beiden Punkte verursachten eine zügige Bewegung zum *Issuer-Pay* Modell. Tabelle 8 zeigt die Vor- und Nachteile beider Modelle zusammenfassend auf.

---

[147] Vgl. Rügemer, W. (2012), S. 19.
[148] Vgl. Hiß, S./Nagel, S. (2012), S. 38.
[149] Vgl. Hiß, S./Nagel, S. (2012), S. 321.
[150] Vgl. Hiß, S./Nagel, S. (2012), S. 184.

Name	Issuer-Pay Modell	Subscriber-Pay Modell
Vorteil	• Stabiles Geschäftsmodell, da Ratings Voraussetzung für Investitionen institutioneller Anleger sind	• Weniger anfällig für bestimmte Interessenkonflikte
Nachteil	• Anfällig für Interessenkonflikte	• Einführung von Kopiergeräten machte das Geschäftsmodell zu anfällig für Umsatzeinbrüche

Tabelle 8: Vor- und Nachteile der Issuer-Pay und Subscriber-Pay Modelle
Quelle: Eigene Darstellung in Anlehnung an Hiß, S./Nagel, S. (2012), S. 38f.; Hiß, S./Nagel, S. (2012), S. 185; Hiß, S./Nagel, S. (2012), S. 321; Hauser, M./Warns, C. (2008), S. 215.

Sowohl Moody's, S&P als auch Fitch nutzen alle das *Issuer-Pay* Modell zur Umsatzerzielung.[151] Dieser Umstand bot in der Vergangenheit, aufgrund der hier anzuzweifelnden Unabhängigkeit, den größten Raum für Kritik an der Arbeit der Ratingagenturen.[152] Die oligopolistische Marktstruktur wirkt weiterhin verstärkend auf diesen potentiellen Interessenkonflikt ein, da den Ratingagenturen mit Verlust eines Emittenten als Kunden nicht nur profitable Aufträge verloren gehen, sondern auch Marktanteile.[153] Es ist zu kritisieren, dass es unter diesen Umständen zu sog. Gefälligkeitsratings kommen kann.[154]

Hinter den Ratingagenturen stehen auch Investoren.[155] Abbildung 8 zeigt die Investorenstruktur der Ratingagenturen S&P und Moody's auf. Auffällig ist dabei, dass die sich zu großen Teilen ähnelt.[156]

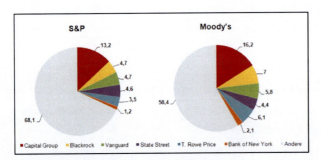

Abbildung 8: Investorenstruktur von S&P und Moody's
Quelle: Eigene Darstellung in Anlehnung an Rügemer, W. (2012), S. 61; Dohms, H.-R. et al. (2012), S. 19; Palan, D./Rickens, C. (2011), S. 9.

---

[151] Vgl. International Monetary Fund (2010), S. 87.
[152] Vgl. Hiß, S./Nagel, S. (2012), S. 184.
[153] Vgl. Hiß, S./Nagel, S. (2012), S. 186.
[154] Vgl. Hiß, S./Nagel, S. (2012), S. 184.
[155] Vgl. Rügemer, W. (2012), S. 61; Dohms, H.-R. et al. (2012), S. 19.
[156] Für das Unternehmen Fitch konnte keine Daten zur Investorenstruktur ermittelt werden.

So ist die Capital Group nicht nur mit 13,2 Prozent größter Investor bei S&P, sondern mit 16,2 Prozent auch bei Moody's. In Summe gehören zehn der 15 größten S&P-Anteilseigner zugleich zu den 25 größten Moody's-Aktionären.[157] Die Eigentümerstruktur der größten beiden Ratingagenturen wird damit zu 38 Prozent (S&P) bzw. 49 Prozent (Moody's) von global agierenden Vermögensverwaltern dominiert.[158] Auch dieser Umstand nährt die Kritik an den Agenturen, Gefälligkeitsratings zu verteilen. Denn die Vermögensverwalter betreiben ein kapitalmarktnahes Geschäft und sind somit tendenziell von Bonitätsentscheidungen abhängig.[159]

2.2.4.3 Weltweiter Einfluss von amerikanischen Ratingagenturen

Der weltweite Einfluss von Ratingentscheidungen ist seit Jahren stark ansteigend. Bereits 2007 waren Ratings in über 110 Ländern weltweit verbreitet.[160] Und auch die Anzahl der ausgesprochenen Ratingbewertungen steigt stetig an. So hatten 2010 die von der SEC als NRSRO registrierten Agenturen etwa 3 Mio. Ratingentscheidungen getätigt. Den Großteil davon, ca. 97 Prozent, tätigten die Marktführer S&P, Moody's und Fitch.[161] Hatte S&P im Jahr 2009 noch knapp 900.000 Ratings weltweit veröffentlicht, konnte das Unternehmen 2010 diese Zahl auf 1,2 Mio. steigern.[162] Damit kann sich S&P im Vergleich der Ratingentscheidungen auch gleichzeitig als Marktführer behaupten. Nach Angaben von Moody's bewertet das Unternehmen in über 110 Ländern weltweit.[163] Ende 2010 hatte das Unternehmen etwa 11.000 privatwirtschaftliche und 22.000 im öffentlichen Auftrag arbeitende Kunden, für welche es 102.000 Finanzprodukte überwachte.[164] Dafür hatte es knapp 1,1 Mio. Ratingentscheidungen gefällt.[165] Fitch fällte 2010 in etwa 500.000 Ratingentscheidungen.[166]

78 Prozent der Ratingentscheidungen aller NRSRO-Agenturen entfiel dabei auf die Bewertung von Staatsen, sog. *sovereigns*.[167] Auch hier sind die amerikanischen Ratingagenturen führend. S&P bewertete 125 Staaten, Moody's 110 und Fitch 107.[168] Die Agenturen haben dabei ihren Status im Vergleich zum Jahr 2000 deutlich ausgebaut (vgl. Abb. 9).

[157] Vgl. Rügemer, W. (2012), S. 61; Dohms, H.-R. et al. (2012), S. 19; Palan, D./Rickens, C. (2011), S. 9.
[158] Vgl. ebd.
[159] Vgl. Palan, D./Rickens, C. (2011), S. 10.
[160] Vgl. Everling, O./Linh Trieu, M. (2007), S. 98.
[161] Vgl. Hiß, S./Nagel, S. (2012), S. 33; Securities and Exchange Commission (2012), S. 10.
[162] Vgl. Securities and Exchange Commission (2012), S. 10.
[163] Vgl. Hiß, S./Nagel, S. (2012), S. 33.
[164] Vgl. ebd.
[165] Vgl. Securities and Exchange Commission (2012), S. 10.
[166] Vgl. ebd.
[167] Vgl. ebd.
[168] Vgl. International Monetary Fund (2010), S. 87.

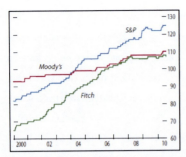

Abbildung 9: Entwicklung Sovereign Ratings von S&P, Moody's und Fitch
Quelle: Entnommen aus International Monetary Fund (2010), S. 87.

Moody's bewertete damals 93 Staaten, gefolgt von S&P (82) und Fitch (65).[169] Der Blick auf die Abbildung verrät auch, dass es insbesondere S&P schaffte, innerhalb kurzer Zeit deutlich an weltweitem Einfluss zu gewinnen. Eine Entwicklung, die sich seit Ende der 80er fortsetzt (vgl. Abb. 10).[170]

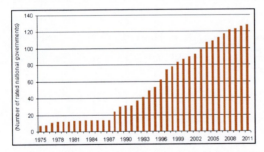

Abbildung 10: Wachstum der Sovereign Ratings von S&P 1975 – 2011
Quelle: Entnommen aus Standard & Poor's (2012g), S. 4.

Die Bonität von Staatsanleihen ist für Staaten von sehr hoher Bedeutung. Da ein Rating die Prognose einer Ratingagentur zu der Ausfallwahrscheinlichkeit eines Finanzproduktes darstellt (vgl. Kap. 2.3.1), steht die Bonitätsnote in direkter Abhängigkeit zu den Bedingungen unter welchen ein Staat bspw. Kredite aufnehmen kann.[171] Dabei ist die Attraktivität des Zinssatzes im Wesentlichen von einer guten Bonität abhängig.[172]

---

[169] Vgl. ebd.
[170] Vgl. Standard & Poor's (2012g), S. 4.
[171] Vgl. Rügemer, W. (2012), S. 75; Rosenbaum, J. (2009), S. 19.
[172] Vgl. Frankfurter Rundschau (2011), o.S.; Als Beispiel lässt sich hierfür anführen, dass die Rendite für fünfjährige portugiesische Staatsanleihen im April 2011 bei 9,9 Prozent lag, während sie in Deutschland lediglich 2,7 Prozent betrug. Portugal litt zu dieser Zeit unter diversen Herabstufungen durch die amerikanischen Ratingagenturen. Seine Bonität befand sich jeweils nur im mittleren Bereich (S&P: BBB-; Moody's: Baa1; Fitch: BBB-). Deutschland hingegen war bei jeder der Agenturen mit der Top-Bonitätsnote ausgezeichnet (S&P: AAA; Moody's: Aaa; Fitch: AAA) [Vgl. Frankfurter Rundschau (2011), o.S.].

Untersuchungen im Auftrag des IMF ergaben, dass es einen Zusammenhang zwischen der Bewertung von Staatsanleihen und Unternehmensanleihen des betreffenden Landes gibt. Negative Bonitäten der Staatsanleihen wirken sich demzufolge auch negativ auf Unternehmensanleihen aus.[173] Dieser Zusammenhang basiert auf dem Konzept der *Sovereign Ceilings*. Dies bewirkt, dass die Bonität eines Unternehmens nur maximal so gut sein kann, wie die Bonität des Landes in welchem es operiert (vgl. Abb. 11).[174]

Abbildung 11: Wirkungskette von Ratingentscheidungen
Quelle: Eigene Darstellung

Vor dem Hintergrund der vorliegenden Arbeit ist zu erkennen, dass die Ratingagenturen nicht nur anhand der Masse der getroffenen Ratings über einen weltweiten Einfluss verfügen, sondern gleichzeitig auch über die Effekte, welche ihre Bonitätsnoten erwirken.

2.2.5 Politischer Einfluss auf amerikanische Ratingagenturen

Die Beziehung von Ratingagenturen und der Politik funktioniert auf zwei Wegen. Zum einen können Ratingagenturen mit ihren Ratings Einfluss auf die Politik ausüben.[175] Zum anderen lässt sich der Einfluss jedoch auch umkehren, indem die Politik die Ratingagenturen beeinflusst. Dies tut sie zum einem über regulatorische Maßnahmen (vgl. Kap. 2.2.2) zum anderen jedoch auch über direktes Intervenieren bei den Agenturen.

Eine Untersuchung einer amerikanischen Anwaltskanzlei förderte hier ein Beispiel aus dem Jahr 1989 zu Tage.[176] Der Staat New York plante damals die Aufnahme kurzfristiger Kredite um den Staatsbetrieb am Laufen zu halten. Ein Vorgehen, welches üblicherweise zu einer Herabstufung des Staates führen würde. Kurz vor der Kreditaufnahme intervenierte die Regierung jedoch bei der Ratingagentur Moody's. Nach diesem Gespräch erklärte Moody's, es werde die Bonität des Staates nicht herabsetzen. Für die Beobachter war diese Entschei-

[173] Vgl. Borensztein, E./Cowan, K./Valenzuela, P.(2007), S. 13.
[174] Vgl. Rosenbaum, J. (2009), S. 34.
[175] Vgl. Rosenbaum, J. (2009), S. 23f.
[176] Vgl. Wolf Haldenstein Adler Freeman & Herz LLP (2004), S. 7f.

dung nicht nachvolziehbar, da New York ein hohes Staatsdefizit aufwies und gleichzeitig mit sinkenden Einnahmen kämpfte.[177]

Das zweite Beispiel für das Wirken von Politik auf die Ratingagenturen findet sich rund um die Verhandlungen zum ESM im März 2011. In die Verhandlungen zum sog. Euro-Rettungsschirm der Staats- und Regierungschefs waren die Ratingagenturen S&P und Moody's telefonisch zugeschaltet. Ziel war, dass die Beschlüsse der EU-Mitglieder zum ESM Anklang bei den Ratingagenturen fanden und diese daher den ESM mit der Bestnote AAA auszeichnen.[178] Der ESM erhielt zu seinem Start im Oktober 2012 schließlich die Bestnote von Moody's.[179]

---

[177] Vgl Wolf Haldenstein Adler Freeman & Herz LLP (2004), S. 8.
[178] Vgl. Palan, D./Rickens, C. (2011), S. 8.
[179] Vgl. Moody's (2012g), o.S.; S&P fällte kein Ratingurteil zum ESM.

2.3 Ratings und Verfahren zur Ratingermittlung

2.3.1 Ziele von Ratings

Ratings werden definiert als eine Aussage darüber, inwieweit ein Schuldner zukünftig wirtschaftlich in der Lage sein wird Zins- und Tilgungsverpflichtungen termingerecht und vollständig nachzukommen.[180] Investoren wird so die Möglichkeit gegeben die Risiken von Investitionsalternativen miteinander zu vergleichen, ohne selbst aufwändige Detailanalysen durchführen zu müssen.[181] Demnach kann das wesentliche Ziel eines Ratings darin verstanden werden, Informationen zu verdichtet und für interessierte Dritte bereit zu stellen.[182] Es ergibt sich so eine Informationseffizienz für den Adressaten, da ihm eine eigene Analyse und die damit einhergehenden Kosten erspart bleiben.[183]

Größere Unternehmen sind auf Ratings angewiesen, um Zugang zum Kapitalmarkt zu erhalten.[184] Daneben stärken Ratings insbesondere die Verhandlungsposition von Ratingnehmern gegenüber seinen Anlegern.[185] So stehen gute Bonitäten als Aushängeschild oder der Visitenkarte eines Staates für seine Zuverlässigkeit bezüglich Kreditrückzahlungen.[186]

Die verwendeten Schemata von Ratings, welche üblicherweise in Buchstaben ausgedrückt wird (vgl. Kap. 2.2.3.1.1ff.), sind dabei stets gleich und variieren nicht von Land zu Land. Dies ermöglicht zum einen ein gemeinsames internationales Verständnis des Ratingergebnisses. Zum anderen werden Ratings so miteinander vergleichbar.[187]

---

[180] Vgl. Dimitrakopoulos, D./Spahr, R. (2003), S. 152; Fitch Ratings (2012a), S. 6; Everling, O./Linh Trieu, M. (2007), S. 97f.; Holzkämper, H. (2007), S. 787.
[181] Vgl. Dimitrakopoulos, D./Spahr, R. (2003), S. 161; Hiß, S./Nagel, S. (2012), S. 133; Forschner, J. (2012), S. 6.
[182] Vgl. Hartmann-Wendels, T. (2011), S. 27.
[183] Vgl. Hiß, S./Nagel, S. (2012), S. 133.
[184] Vgl. Hauser, M./Warns, C. (2008), S. 212; Hiß, S./Nagel, S. (2012), S. 127.
[185] Vgl. Hauser, M./Warns, C. (2008), S. 215; Hiß, S./Nagel, S. (2012), S. 133; Rügemer, W. (2012), S. 73f.; Daum, R. (2012), S. 22.
[186] Vgl. Everling, O./Linh Trieu, M. (2007), S. 98.
[187] Vgl. ebd.

2.3.2 Anwendungsbereiche von Ratings

Ratings lassen sich auf Objekte als auch auf Institutionen anwenden. Als Objekte von Ratingentscheidungen gelten dabei u.a. Aktien, Zertifikate, Kredite, Unternehmensanleihen, und Staaten.[188] Die Institutionen, welche von Ratingentscheidungen betroffen sind, lassen sich nach Einschätzung der SEC grundsätzlich in folgende fünf Kategorien einordnen:[189]

- Finanzinstitutionen
- Versicherungsunternehmen
- Emittierende Unternehmen
- Herausgeber von Asset-Backed-Securities (ABS)[190]
- Staaten

Die Bonitätsbewertung eines Staates steht dabei in Zusammenhang mit seinen Staatsanleihen. Über die Ausgabe von Staatsanleihen an bspw. Banken oder Investmentfonds, besorgt sich ein Staat Geld. Die Staatsanleihe läuft dabei über einen bestimmten Zeitraum zu einem bestimmten Zins.[191]

Die Ratingbewertungen von emittierenden Unternehmen stellt das klassische und historische Geschäft der Ratingagenturen dar, während das Rating von Finanzprodukten und Staaten eher ein jüngeres Geschäft ist.[192] Vor allem Letztere haben die Ratingagenturen in den Fokus der Kritik gebracht (vgl. Kap. 1.2). Im Übrigen plante die Ratingagentur Fitch in jüngster Vergangenheit, ihr Serviceangebot auf die Bewertung von deutschen Kommunalanleihen auszuweiten.[193]

Worauf sich Ratingentscheidungen anwenden lassen steht auch in Abhängigkeit zur Ratingart. Zur besseren Übersicht, führt Tabelle 9 die Ratingarten inklusive jeweiligen Anwendungsbeispielen auf.

---

[188] Vgl. Rügemer, W. (2012), S. 73.
[189] Vgl. Securities and Exchange Commission (2012), S. 9.
[190] Als ABS werden Wertpapiere verstanden, die bei der Forderungsverbriefung von Kreditinstituten durch eigens gegründete Gesellschaften herausgegeben werden um eine Refinanzierung zu ermöglichen [Vgl. Woll, A. (2000): S. 48.].
[191] Vgl. Busch, B./Matthes, J. (2010), S. 6
[192] Vgl. Hiß, S./Nagel, S. (2012), S. 41.
[193] Vgl. Dohm, H.-R. (2012b), S. 15.

Ratingart	Differenzierung	Anwendungsbeispiel
Ratinghorizont	Langfristig	• Ratings für Unternehmen • Ratings für Wertpapiere mit Laufzeit $\geq$ 1 Jahr
	Kurzfristig	• Ratings für Wertpapiere mit Laufzeit $\leq$ 1 Jahr
Ratinginitiative	Beauftragt	• Ratingagentur wird durch einen Auftrag zu einem Rating ermächtigt (sog. *solicited ratings*)
	Nicht beauftragt	• Ratingagentur wird nicht durch einen Auftrag zu einem Rating ermächtigt (sog. *unsolicited ratings*) • Ratingbeurteilung erfolgt auf Initiative der Ratingagentur und bleibt damit unbezahlt
Bewertete Einheit	Emittent	• Rating über die Kreditwürdigkeit eines Unternehmens als Herausgeber von Wertpapieren
	Emission	• Rating für bestimmte herausgegebene Wertpapier oder Schuldverschreibungen
Bewertende Einheit	Ratingagentur	• Ratings von Ratingagenturen (externen Rating)
	Kreditinstitut	• Ratings von Banken (bankinterne Ratings)

Tabelle 9: Ratingarten und Anwendungsbeispiele
Quelle: Eigene Darstellung in Anlehnung an Hiß, S./Nagel, S. (2012), S. 88ff.

2.3.3 Rechtliche Rahmenbedingungen von Ratings

Die rechtlichen Rahmenbedingungen eines Ratings sind in folgenden Schriften enthalten, welche anschließend näher erläutert werden sollen:

- IOSCO-Kodex
- EU-Verordnung (EG) Nr. 1060/2009
- Richtlinie 2003/6/EC
- Basel III

Der IOSCO-Kodex, welcher 2004 entstand, enthält keine rechtlich verbindlichen Rahmenbedingungen.[194] Vielmehr beinhaltet er grundlegende Verhaltensregeln für Ratingagenturen, welche sich wie folgt zusammenfassen lassen:[195]

- Vorgaben zur Qualität des Ratingprozesses, wie bspw. die Überwachung und Anpassung von Ratings sowie die Integrität des Ratingprozesses
- Unabhängigkeit der Ratingagenturen und Vermeidung von Interessenkonflikten, bspw. durch die Unabhängigkeit von Analysten und Mitarbeitern
- Verantwortung der Ratingagenturen gegenüber Dritten, bspw. durch transparente und zeitnahe Ratingveröffentlichungen

---

[194] Vgl. Hiß, S./Nagel, S. (2012), S. 238.
[195] Vgl. Eisen, M. (2007), S. 178; IOSCO (2008), S. 4ff.

- Veröffentlichung des Verhaltenskodex und Kommunikation mit dem Markt, bspw. durch Auskunft darüber, wie der Kodex im Unternehmen umgesetzt wurde

Die rechtlichen Anforderungen an Ratings sind auch in der EU-Verordnung (EG) Nr. 1060/2009 festgelegt, welche sich in weiten Teilen an den IOSCO-Kodex anlehnt. Absatz 8 enthält so auch die Forderung, dass Ratingagenturen den IOSCO-Kodex anwenden sollen.[196] Ergänzend zum IOSCO enthält die Verordnung insbesondere folgende Anforderungen:[197]

- Nicht beauftragte Ratings (*unsolicited ratings*; vgl. Kap. 2.3.2) sind von beauftragten Ratings deutlich abzugrenzen (Absatz 21)
- Ratings sollten streng, systematisch und beständig sein und unter Einbeziehung historischer Erfahrungswerte erstellt werden (Absatz 23)
- Ratings sollen fundiert und verlässlich begründet sein (Absatz 24)
- Mathematische Annahmen oder Korrelationsannahmen zur Erstellung von Ratings sind stets auf dem neuesten Stand zu halten (Absatz 34)

Ratingagenturen sind jedoch auch indirekt an die Richtlinie 2003/6/EC, in Zusammenarbeit mit RL 2003/125/EC, der Europäischen Kommission gebunden. Die Richtlinie 2003/6/EC legt u.a. fest, dass es als Marktmanipulation anzusehen ist, wenn falsche oder irreführende Informationen in Bezug auf Finanzinstrumente verbreitet werden.[198] Die Europäische Kommission bestätigte, dass die Richtlinie auch auf Ratingagenturen, und davon auf falsche oder irreführende Ratings im Speziellen, anwendbar ist.[199]

Abschließend sind die Rahmenbedingungen die mit den Beschlüssen von Basel einher gingen zu erwähnen. Unter Basel II[200] wurde festgelegt, dass Banken lediglich jene Ratingentscheidungen nutzen dürfen, die von Ratingagenturen getroffen wurden, die ein spezielles Anerkennungsverfahren durchlaufen haben.[201] Demzufolge müssen sie den Anforderungen zu Objektivität, Unabhängigkeit, Transparenz, Methodenveröffentlichung, Nutzung ausreichender

---

[196] Vgl. Eur-Lex (2009), S. 2, Absatz (8).
[197] Vgl. Eur-Lex (2009), S. 2ff.
[198] Vgl. Eur-Lex (2003), Artikel 1, Absatz 2c, S. 5.
[199] Vgl. Eur-Lex (2006), Punkt 3.1, Absatz 3, S. 3.
[200] Basel II ist die Nachfolgeverordnung von Basel I. Sie regelt bspw. die Höhe der Eigenkapitalhinterlegung für Kredite und die Verwendung von bankinternen Ratings als auch externen Ratings von Ratingagenturen. [Vgl. Hiß, S./Nagel, S. (2012), S. 315].
[201] Die Rede ist hier vom External Credit Assessment Institution (ECAI) Anerkennungsverfahren [Vgl. Volk, T. (2008), S. 127].

Ressourcen sowie Glaubwürdigkeit gerecht werden.[202] Nach Basel III[203] müssen Ratingagenturen Teile des erneuerten IOSCO-Kodex einhalten um überhaupt für Kreditbeurteilungen zugelassen zu werden.[204]

2.3.4 Verfahren zur Ratingermittlung bei Staatsanleihen

Da Staatsanleihen für diese Arbeit von besonderer Bedeutung sind, soll das Verfahren zur Ratingermittlung von Staaten im Fokus der Betrachtungen stehen.

Die EU-Verordnung 1060/2009 fordert in Absatz 25, dass Ratingagenturen die Methoden zur Bonitätsermittlung offen legen sollen, so dass auch Dritte die Ratingentscheidung nachvollziehen können.[205] Doch trotzdem hüllen sich die amerikanischen Ratingagenturen bezüglich der exakten Herangehensweise an die Bonitätsbeurteilung eines Staates (*sovereign rating*) grundsätzlich in Schweigen.[206] Während dies für Gesellschaft und Politik Anlass für Kritik über fehlende Transparenz ist, verweisen die Agenturen darauf, dass die geforderte Transparenz in einem konfliktären Verhältnis zur Geheimhaltungspflicht zum Wohle der Wettbewerbsfähigkeit steht. [207]

Zur Entschärfung dieses Konflikts führte S&P im Juni 2011 ein Update seiner Ratingkriterien durch und veröffentlichte diese.[208] Die Agentur gibt an, dass sie sich im Vorfeld eines *sovereign ratings* grundsätzlich mit den politischen Risiken, der Währungsstabilität sowie der Gesamtschuldenlast eines Landes auseinandersetzt.[209] Explizit stützt sich die Bonitätsbewertung dabei auf fünf Faktoren (sog. Scores):[210]

1. Politische Risiken, wie bspw. die Bereitschaft zur Sicherung stabiler Staatsfinanzen und ausgewogenes ökonomisches Wachstum (*political score*)
2. Wirtschaftsstruktur und die Wachstumsaussichten, bewertet bspw. anhand des Einkommenslevels und Wachstumsperspektiven (*economic store*)

---

[202] Vgl. Volk, T. (2008), S. 127.
[203] Basel III ist die Weiterentwicklung von Basel II [Vgl. Hiß, S./Nagel, S. (2012), S. 239.].
[204] Vgl. Hiß, S./Nagel, S. (2012), S. 239.
[205] Vgl. Eur-Lex (2009), S. 3
[206] Vgl. Prager, C. (2012), S. 69.
[207] Vgl. Schrörs, M. (2011), o.S.; Prager, C. (2012), S. 69.
[208] Vgl. Standard & Poor's (2012h), S. 2.
[209] Vgl. Standard & Poor's (2012c), S. 13.
[210] Vgl. Standard & Poor's (2012h), S. 3f.

3. Externe Liquidität und Status des Auslandsvermögen, wie bspw. Grad der externen Verschuldung und Status der Währung bei internationalen Transaktionen (*external score*)

4. Finanzpolitische Leistung und Flexibilität, sowie Schuldenlast, gemessen anhand der Verschuldungsstruktur und potentielle Risiken aus Eventualverbindlichkeiten[211] (*fiscal score*)

5. Flexibilität der Währung, bspw. durch die Betrachtung der Inflationsentwicklung (*monetary score*)

Jeder der Faktoren wird auf einer "Schulnoten-Skala" von 1 bis 6 bewertet.[212] Die Bewertung erfolgt in Folge der Betrachtung von qualitativen und quantitativen Maßstäben innerhalb der Faktoren.[213] Die Ergebnisse des *political* und *economic score* fließen als Durchschnittswert anschließend im *Political and Economical Profile* zusammen, während die restlichen verbleibenden Faktoren das *Flexibilty and Performance Profile* bilden. Diese beiden Profile werden schließlich zur Bonitätsbeurteilung zusammengefasst (vgl. Abb. 12).[214]

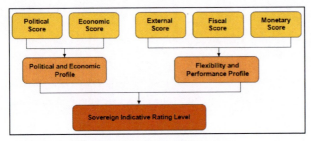

Abbildung 12: Verfahren zur Ratingermittlung bei S&P
Quelle: Eigene Darstellung in Anlehnung an Standard & Poor's (2012h), S. 3.

Die Ermittlung des Bonitätsurteils von Moody's hingegen besteht aus der sukzessiven Bewertung von drei Elementen. Sie lassen sich in folgendem Phasenverlauf übertragen (vgl. Abb. 13).

---

[211] Unter Eventualverbindlichkeiten werden ungewisse Verbindlichkeiten verstanden, die aus Haftungsbeziehungen, wie Bürgschaften oder Gewährleistungsverträgen, eines Unternehmenes gegenüber einem Dritten resultieren [Vgl. Woll, A. (2000), S. 205f.].
[212] Vgl. Standard & Poor's (2012h), S. 4.
[213] Vgl. Serfling, K. (2007), S. 713; Hauser, M./Warns, C. (2008), S. 213.
[214] Vgl. Standard & Poor's (2012h), S. 4.

Abbildung 13: Verfahren zur Ratingermittlung bei Moody's
Quelle: Eigene Darstellung in Anlehnung an Moody's (2008), S. 2.

Im ersten Schritt (1) wird die wirtschaftliche Elastizität des Landes bewertet unter Bestimmung der sog. Schock-Absorptionsfähigkeit. Dafür werden zwei Faktoren in Betracht gezogen, zum einen die wirtschaftliche Stärke (gemessen am BIP pro Kopf), und zum anderen die institutionelle Stärke eines Landes. Hierfür wird als Bewertungsgrundlage bspw. die Vorhersehbarkeit staatlichen Handelns betrachtet, um in Erfahrung zu bringen, ob das Land u.a. die Einhaltung vertraglicher Vereinbarungen ernst nimmt. Schritt zwei (2) beschäftigt sich mit der Schuldensituation eines Landes. Auch hierfür werden zwei Faktoren zur Bewertung herangezogen. Zum einen die finanzielle Stärke der Regierung (gemessen an seiner Fähigkeit Ressourcen zu mobilisieren, bspw. über Steuererhöhungen und Ausgabenkürzungen) und zum anderen die Empfindlichkeit des Staates gegenüber sog. Ereignis-Risiken. Damit sind bspw. die unmittelbaren Gefahren, resultierend aus einem Schuldenabbau, sowie plötzliche Herabstufungen um mehrere Bonitätsnoten, gemeint.[215]

Die jeweiligen Faktoren aus den Schritten (1) und (2) werden auf einer 5-stufigen Skala (sehr hoch, hoch, mittel, gering oder sehr gering) eingeschätzt und bilden so eine Gesamteinschätzung für das erste und zweite Element des Ratingverfahrens.[216] Unter Berücksichtigung weiterer Faktoren, die Moody's jedoch nicht konkret benennt, wird aus den Ergebnissen von (1) und (2) schließlich ein Ratingurteil abgeleitet (vgl. Anlage 1).[217]

Das Verfahren zur Ratingermittlung bei Fitch berücksichtigt neben der Bewertung der finanziellen Stärke auch folgende qualitative Faktoren:[218]

- Gesamtwirtschaftliche Leistung und Perspektiven des Landes
- Strukturmerkmale der Wirtschaft zur Bewertung der Anfälligkeit gegenüber Schocks
- Politische Risiken und Governance-Faktoren
- Struktur der öffentlichen Finanzen, einschließlich der öffentlichen Verschuldung sowie steuerliche Finanzierung
- Höhe und Struktur der Fremdfinanzierung

---

[215] Vgl. Moody's (2008), S. 2.
[216] Vgl. Moody's (2008), S. 3; Anlage 1.
[217] Vgl. Moody's (2008), S. 3.
[218] Vgl. Fitch Ratings (2012g), S. 1.

Fitch lässt weiterhin 18 quantitative, makroökonomische, strukturelle und die Fremdfinanzierung betreffende Variablen in sein Modell mit einfließen (vgl. Anlage 2).[219] Die Kombination beider Faktoren in Fitch's Sovereign Rating Model (SRM) führt schließlich zu einem Ratingscore welcher die Basis der Bonitätsnote ist.[220]

Jedes Verfahren zur Ratingermittlung der amerikanischen Ratingagenturen hat das Ziel ein Gesamtbild über die Bereitschaft des Staates zu erzeugt, inwiefern er seine Verbindlichkeiten pünktlich begleichen kann und will (vgl. Kap. 2.3.1).[221] Während im Übrigen der idealtypische Ablauf einer Ratingermittlung für Unternehmen im Durchschnitt etwa 12 Wochen dauert, nehmen *sovereign ratings* mit 4-6 Wochen deutlich weniger Zeit in Anspruch.[222]

---

[219] Vgl. Fitch Ratings (2012g), S. 6.
[220] Vgl. Fitch Ratings (2012g), S. 5f.
[221] Vgl. Kräussl, R. (2004), S. 91.
[222] Vgl. Holzkämper, H. (2007), S. 797; Standard & Poor's (2012h), S. 6.

2.4 Kritische Würdigung

Es ist kritisch anzumerken, dass bereits während der Gründungsphase der EWU Fehler gemacht wurden, die nunmehr zur Krise beitragen.[223] Nach Alt-Bundeskanzler Helmut Schmidt begannen die Fehler bereits mit dem Vertrag von Maastricht.[224] So herrschte damals als auch heute noch Uneinigkeit über die Sinnhaftigkeit und finale Wirkung der Konvergenz-kriterien. So wird bspw. kritisiert, dass die Kriterien durch das Fehlen von absoluten Werten, wie bspw. einer maximalen Inflationsrate, nicht ausreichen präzisiert sind.[225] Es bleibt jedoch unstrittig, dass es 1997 bei strenger Auslegung der Kriterien nur vier Mitgliedsstaaten für die EWU hätte geben können (vgl. Tabelle 10).

	Inflationsrate in %	Langfristiger Zinssatz in %	Budgetdefizit in % vom BIP	Schuldenstand in % vom BIP
Referenzwerte	*2,7*	*8,3*	*-3,0*	*60,0*
Belgien	1,6	5,8	-2,1	**122,2**
Dänemark	2,2	6,3	0,7	**64,1**
Deutschland	1,5	5,5	-2,7	**61,3**
Finnland	1,2	6,4	-0,9	55,8
Frankreich	1,3	5,6	-3,0	58,0
Griechenland	**5,6**	**8,8**	**-5,4**	**108,7**
Großbritannien	1,9	7,2	-1,9	53,4
Irland	1,2	6,7	0,9	**66,3**
Italien	1,9	5,5	-2,7	**121,6**
Luxemburg	1,4	5,6	1,7	6,7
Niederlande	1,9	5,6	-1,4	**72,1**
Österreich	1,2	5,7	-2,5	**66,1**
Portugal	1,9	6,3	-2,5	**62,0**
Schweden	1,8	6,6	-0,4	**76,6**
Spanien	1,9	6,4	-2,6	**68,3**
Legende:	Standard: Kriterium erfüllt **Fett:** Kriterium nicht erfüllt **Grün:** War bzw. wurde 1998 Mitglied der EWU **Rot:** War bzw. wurde 1998 kein Mitglied der EWU			

Tabelle 10: Erfüllung der Konvergenzkriterien durch EU-Mitgliedsstaaten im Jahr 1997
Quelle: Eigene Darstellung in Anlehnung an Mayes, D./El-Agraa, A. (2011), S. 172f; Schröder, G. W./Arndt, H.-P. (1998), S. 38.

Wie die Tabelle jedoch veranschaulicht, wurde die Einhaltung der Konvergenzkriterien nicht ausreichend durchgesetzt. Anstatt der vier möglichen Kandidaten (Finnland, Frankreich, Großbritannien und Luxemburg) hatte die EWU im Jahr 1998 13 Teilnehmerstaaten, obwohl davon zehn Länder die Konvergenzkriterien ganz oder teilweise verletzten. Einige der

---

[223] Vgl. Batzoglou, F. et al. (2011), S. 58.
[224] Vgl. Bittner, J. (2011), S. 8.
[225] Vgl. Schröder, G. W./Arndt, H.-P. (1998), S. 35.

kriterienerfüllenden Länder erreichten den Beitritt nur, mittels grenzwertiger Haushalts-tricks.[226] Das angestrebte Ziel, mit der EWU nicht zu einer Transferunion zu werden (vgl. Kap. 2.1.3) wurde so bereits von Anfang an nicht nachhaltig genug verfolgt und führte dazu, dass Kritiker, wie Arnulf Baring, Recht behielten. Baring erklärte 1997, dass die EWU auf einen gigantischen Erpressungsversuch hinauslaufen wird, in welchem die Devise lautet: „Wenn ihr wollt, dass die Währungsunion funktioniert ..., dann müssen wir künftig Transfer-zahlungen leisten".[227]

Die Kritik, bspw. an der fehlenden Transparenz des Ratingverfahrens (vgl. Kap. 2.3.4), bietet der breiten Öffentlichkeit Anlass kritisch zu hinterfragen, inwiefern die Agenturen noch ernsthaft die Interessen der Investoren schützen können. So geben die drei großen Ratinga-genturen bspw. Ratings über Finanzprodukte ab, an welchen sie im Vorfeld, bspw. über Beratungsdienstleistungen, mitgewirkt haben.[228] Einen weiteren Ansatzpunkt um die Unab-hängigkeit der Ratingagenturen zu hinterfragen lieferte der Chef der italienischen Finanzauf-sicht, Giuseppe Vegas. Er erklärte: „Hinter den Ratingagenturen stehen Personen, die selbst Investmentfonds betreiben".[229] Tatsächlich untermauert die Investorenstruktur der Ratinga-genturen Vegas' Aussage (vgl. Kap. 2.2.4.2.1).

Gleichfalls zeigt sich, dass die Regulierung der Ratingagenturen nur stets dann auf die Tagesordnung der Politik kam, wenn sie in direktem Zusammenhang mit einer Krise stand (vgl. Kap. 2.2.2). Demzufolge ist auch der Politik ein Vorwurf zu machen, da sie notwendige Regulierungen der Agenturen verschlafen haben könnte und erst mit Beginn der Euro-Krise tätig wurde.[230] Gleichermaßen ist der Politik vorzuwerfen, dass sie nicht hart genug mit ihren Regulierungsmaßnahmen gegen die Agenturen vorgehen. Die neue Regulierungsrunde für Ratingagenturen hat in ihrer beschlossenen Fassung, im Vergleich zu der ursprünglichen geforderten Version, nur noch wenig Kraft.[231] Zwar werden wichtige Punkte, wie Haftung, Ratingtransparenz und Rotation der Emittenten zwischen den Ratingagenturen behandelt. Die Einschränkungen sind jedoch so schwer, dass sie deutlich an Wirkung verlieren. So ist bspw. die Beweislast im Haftungsfall, anders als zunächst geplant, umgekehrt. Der Kläger hat der Agentur das Fehlverhalten nachzuweisen.[232] Ebenso trifft die Regelung zur Rotation nur

---

[226] Vgl. Balzli, B. et al. (2010b), S. 76; Fleischhauer, J.et al. (2010), S. 23.
[227] Eckert, D. D. (2012), S. 154 zitiert nach Arnulf Baring (1997)
[228] Vgl. Kofner, S. (2009), S. 117.
[229] Dohms, H.-R. et al. (2012) S. 19.
[230] Vgl. Hiß, S. /Nagel, S. (2012), S. 141.
[231] Vgl. Financial Times Deutschland (2012b), S. 21; Schrörs, M. (2012), S. 14.
[232] Vgl. Financial Times Deutschland (2012b), S. 21.

mehrfach verbriefte Finanzprodukte.[233] Das Bewerten von solchen Produkten ist jedoch nur ein Segment von vielen bei den Ratingagenturen.[234]

---

[233] Vgl. Europa (2012d), o.S.; Ehrlich, P. (2012), S. 15.
[234] Vgl. Financial Times Deutschland (2012b), S. 21; Schrörs, M. (2012), S. 14.

3. Praktische Analyse des Einflusses amerikanischer Ratingagenturen

3.1 Chronik der Euro-Krise

3.1.1 Allgemeiner Überblick über den Ablauf der Krise

Die Geschichte der Krise der EWU begann weit vor dem Bekanntwerden des Verschuldungsproblems Griechenlands im Jahr 2010.[235] Sie kann grob in fünf Schritte unterteilt werden:[236]

1. Die US-Immobilienblase (ab 2006)
2. Die weltweite Bankenkrise (ab 2007)
3. Die Lehman-Pleite (2008)
4. Die globale Wirtschaftskrise (ab 2009)
5. Die Euro-Schuldenkrise (ab 2010)

Das sog. Platzen der US-Immobilienblase[237] führte 2007 zur weltweiten Bankenkrise. Die entstandenen Forderungsausfälle, v.a. durch nicht bediente Immobilienkredite, belasteten die Banken weltweit.[238] Diese schwere Krise wurde 2008 mit der Insolvenz der Investmentbank Lehman Brothers weiter angeheizt. Als Reaktion auf die Pleite, lehnen die Banken gegenseitige Kreditleistungen ab, was zu einer weiteren schwerwiegenden Destabilisierung des Bankensystems führte. Die großen Industrienationen mussten Milliarden für die Rettung der Banken bereit stellen, um einen völligen Kollaps des Finanzsystems zu vermeiden.[239]

Ende 2008 erleidet der Welthandel den größten Einbruch seit dem Zweiten Weltkrieg.[240] Rettungs- bzw. Konjunkturpakete sollen gegen die steigende Arbeitslosigkeit und einbrechende Produktionen ankämpfen. Fortan wird von einer globalen Wirtschaftskrise gesprochen.[241] Die vorangegangenen Ereignisse lösen eine Staatsverschuldungskrise in Europa aus. Durch die tiefe Rezession stiegen die Schuldenquoten bestimmter Mitgliedsländer der EU deutlich an.[242] Betroffen davon waren vor allem die GIPS-Länder[243], welche im Zeitraum von

---

[235] Vgl. Busch, B./Matthes, J. (2010), S. 4ff.
[236] Vgl. Busch, B./Matthes, J. (2010), S. 6; Bellofiore, R. et al. (2010), S. 122; Vercelli, A. (2011), S. 27; Bellofiore, R./Halevi, J. (2011), S. 49
[237] Als US-Immobilienblase wird der schnelle Preisanstieg amerikanischer Immobilien bezeichnet, welche vor allem im Zeitraum von 2002 bis 2006 stattfand. Im Zuge dessen wurden auch Immobilienkredite an Schuldner mit kritischer Bonität vergeben. Rapide sinkende Immobilienpreise ab 2006 führen zum sog. Platzen der Immobilienblase [Vgl. Brunetti, A. (2011), S.16.].
[238] Vgl. Busch, B./Matthes, J. (2010), S. 6; Brunetti, A. (2011), S.16.
[239] Vgl. ebd.
[240] Vgl. Brunetti, A. (2011), S.72.
[241] Vgl. Busch, B./Matthes, J. (2010), S. 6
[242] Vgl. Brunetti, A. (2011), S.17.

2007 bis 2009 mit einem starken Anstieg ihrer Staatsverschuldung (bspw. Irland, 2007: 25,1 Prozent des BIP, 2009: 65,8 Prozent des BIP) und einem Haushaltsdefizit (bspw. Spanien, 2007: +1,9 Prozent des BIP, 2009: -11,2 Prozent des BIP) zu kämpfen hatten.[244]

Für die EU wird die weltweite Finanzkrise nun auch zu einer Krise in der Euro-Zone. Sie ist gekennzeichnet durch die sinkende Kaufkraft der Haushalte, sowie durch steigende Arbeitslosigkeit. Gleichzeitig führten die Unsicherheiten über den Verlauf der Schuldenkrise zum Rückgang von industriellen als auch privaten Investitionstätigkeiten.[245] Der Verlauf der Krise der EWU lässt sich dabei in fünf Phasen unterteilen (vgl. Abb. 14).[246]

Abbildung 14: Die fünf Phasen bis zur Eskalation der Euro-Krise
Quelle: Eigene Darstellung in Anlehnung an Müller, H. (2011), S. 84.

Phase 1 beginnt mit dem Jahr 2009, in welchem die ersten Zweifel an der Zahlungskraft einzelner europäischer Staaten laut werden. Sie lässt sich deshalb als Phase des Beschwichtigens benennen, da trotz aufkeimender Zweifel einzelne Regierungen versprechen, dass man kein Land Pleite gehen lassen wird.[247] *Phase 2* beginnt bereits Ende Oktober 2009. Ihr kann der Status des Verdrängens zugeordnet werden. Denn zwar steigen die Budgetdefizite einzelner Mitgliedsstaaten massiv an, jedoch ist innerhalb der EWU keine Reaktion darauf zu verzeichnen. Die Phase der Reaktion, *Phase 3,* beginnt im Mai 2010, in welchem sich EU und IWF dazu gezwungen sehen ein Rettungspaket zu schüren. Ein eventueller Staatsbankrotts Griechenlands soll so vereitelt werden.[248] Gleichzeitig wird ein sog. Rettungsschirm gespannt, mit welchem die Euroländer vom Bankrott bedrohte Mitgliedsstaaten schützen wollen.[249]

Die Phase des Reformierens, *Phase 4*, ist die kürzeste aller genannten Phasen und beginnt im März 2011. Die EU beschließt Strukturreformen, wozu insbesondere der verschärfte Stabilitätspakt, ein europäisches Überwachungsverfahren und einen Mechanismus gegen Ungleichgewichte gehören.[250] Gleichzeitig soll mit dem Beschluss eines permanenten Europäischen

[243] Dazu zählen Griechenland, Irland, Portugal und Spanien [Vgl. Brunetti, A. (2011), S.17; Moeller, W. (2011), S. 9, Moeller, W. (2011), S. 15.].
[244] Vgl. Brunetti, A. (2011), S.17; Moeller, W. (2011), S. 9, Moeller, W. (2011), S. 15.
[245] Vgl. CESifo (2012b), S. 1.
[246] Vgl. Müller, H. (2011), S. 84.
[247] Vgl. ebd.
[248] Vgl. Müller, H. (2011), S. 84; Brunetti, A. (2011), S.17; Hesse, M. et al. (2011), S. 66; Fleischhauer, J. et al. (2010), S. 25.
[249] Vgl. Brunetti, A. (2011), S. 17.
[250] Vgl. Müller, H. (2011), S. 84.

Stabilitätsmechanismus der bis dahin existierende Rettungsschirm abgelöst werden.[251] Die Eskalation, *Phase 5*, beginnt im Sommer 2011 als die Märkte zunehmend heftiger auf die Krise reagieren. Denn auch Italien, Portugal, Spanien und Irland leiden nun immens unter den Folgen der Krise und ihren Staatsverschuldungen.[252]

3.1.2 Euro-Kurs Entwicklung im Krisenzeitraum

Die Euro-Kurs Entwicklung im Krisenzeitraum kann herangezogen werden um an ihr den Verlauf der Krise abzutragen. Wie in Kapitel 2.1.4.1 erläutert, wird der Wechselkurs durch verschiedene Faktoren in seinem Verlauf beeinflusst. Dazu gehört auch das Zinsverhalten, denn hohe Zinsen im Euro-Raum führen zu einer gesteigerten Nachfrage nach ausländischen Währungen. Das Zinsverhalten wird wiederum beeinflusst von Ratings, die darauf wirken, wie viel Zinsen ein Gläubiger für seine Investition in Staatsanleihen verlangen kann oder wie teuer sich die Kreditaufnahme für den Staat gestaltet (vgl. Kap. 2.2.4.3). Da bspw. Deutschland bei allen drei Ratingagenturen den Status der Top-Bonität genießt, konnte es 2011 Staatsanleihen mit einem Zinssatz von 3,21 Prozent anbieten. Griechische Staatsanleihen, im gleichen Zeitraum als Ramsch bewertet, wurden mit einem Zinssatz von 12,44 Prozent veräußert.[253] Der Euro-Kurs erreichte Mitte 2008 seinen absoluten Höchststand mit 1,594 US-Dollar für einen Euro. Im Zuge der globalen Wirtschaftskrise 2009, sowie der daraus resultierenden Euro-Schuldenkrise ab 2010, verlor der Euro jedoch stetig an Wert. Mitte 2010 erreichte er mit 1,198 US-Dollar für einen Euro sogar den absoluten Tiefststand (vgl. Abb. 15). [254]

[251] Vgl. Brunetti, A. (2011), S. 17.
[252] Vgl. Hesse, M. et al. (2011), S. 67; Brunetti, A. (2011), S. 17; Müller, H. (2011), S. 84; Darnstädt, T. et al. (2011), S. 43; Busch, B./Matthes, J. (2010), S. 6.
[253] Vgl. Welfens, P. J. J. (2012), S. 23; Standard & Poor's (2012b), S. 6ff; Fitch Ratings (2011a), o.S.; Fitch Ratings (2011b), o.S.; Fitch Ratings (2011c), o.S.; Fitch Ratings (2011d), o.S.; Moody's (2011a), o.S.; Moody's (2011b), o.S.; Moody's (2011c), o.S.; Moody's (2011d), o.S.; Moody's (2011e), o.S.; Boerse.de (2011a), o.S.; Boerse.de (2011b), o.S.; Boerse.de (2011c), o.S.; Boerse.de (2011d), o.S.; Boerse.de (2011e), o.S.; Boerse.de (2011f), o.S.; Boerse.de (2011g), o.S.; Boerse.de (2011h), o.S.; Boerse.de (2011i), o.S.; Boerse.de (2011k), o.S.; Boerse.de (2011m), o.S.; Boerse.de (2011n), o.S.; Boerse.de (2011o), o.S.; Boerse.de (2011p), o.S.
[254] Vgl. Boerse.de (2012o), o.S.

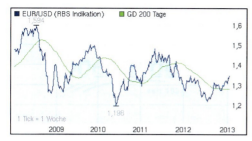

Abbildung 15: Entwicklung des Wechselkurses Euro / US-Dollar im 5 Jahres-Chart
Quelle: Entnommen aus Boerse.de (2012o), o.S.

Am Verlauf des Euro-Kurses im Krisenzeitraum mit Beginn der globalen Wirtschaftskrise im Jahr 2009 lassen sich ebenso die fünf Phasen der Euro-Krise (vgl. Kap. 3.1.1) abtragen (vgl. Abb. 16).

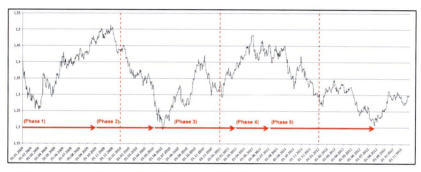

Abbildung 16: Entwicklung des Euro-Kurses Jan. 2009 – Nov. 2012
Quelle: Entnommen aus Anlage 4.

Im Verlauf der *Phase 1* (Beschwichtigen), die sich bis Oktober 2009 erstreckt, reagiert der Euro-Kurs positiv mit einer steigenden Tendenz (vgl. Abb. 16). Die Phase ist geprägt von einer expansive Geld- und Fiskalpolitik der Zentralbanken und Regierungen.[255] So beschließt Deutschland bspw. zwei Konjunkturpakete, unter welche auch die Abwrackprämie fällt.[256]

Der Eurokurs reagiert jedoch mit zunehmendem Verlauf der *Phase 2* (Verdrängen) verstärkt negativ (vgl. Abb. 16). Griechenland gerät in diesem Zeitraum aufgrund der anhaltenden Rezession in schwere Turbulenzen. Das Land muss sein laufendes Defizit mehrfach nach oben korrigieren. Der Anfang Oktober publizierte Wert von 6,0 Prozent steigt zunächst auf 12,5 Prozent und bis November weiter auf 15,4 Prozent.[257] Am Ende der *Phase 2* ist eine

---

[255] Vgl. Brunetti, A. (2011), S. 17.
[256] Vgl. Brunetti, A. (2011), S. 112.
[257] Vgl. Darnstädt, T. et al. (2011), S. 42; Müller, H. (2011), S. 84; Balzli, B. et al (2010b), S. 77; Fleischhauer, J. et al. (2010), S. 24.

Verdrängung der akuten Krise kaum mehr möglich, da bspw. der Haushalt Griechenlands unter EU-Kontrolle gestellt werden muss.[258] Gleichzeitig werden für das Land drastische Sparmaßnahmen beschlossen.[259]

Zu Beginn der *Phase 3* (Reaktion) gibt es zahlreiche Entscheidungen der EWU. So beschließt die Euro-Zone diverse Rettungspakete, die bspw. freiwillige Kredite der EU-Länder, sowie Kredite des IWF für das verschuldete Griechenland einschließen.[260] Auch die EZB schließt sich den Notfallplänen an und akzeptiert, abweichend von bisherigen Regelungen, griechische Staatsanleihen mit schlechten Ratings als Sicherheiten.[261] Später weichen die zunächst freiwilligen Kredite, einem Rettungsschirm von bis zu 750 Mrd. Euro.[262] So ist für die *Phase 3* ein steigender Euro-Kurs-Verlauf zu verzeichnen. (vgl. Abb. 16).

Phase 4 (Reformieren) zeichnet sich gleichfalls durch einen steigenden Euro-Kurs aus. Innerhalb dieser Phase beschließen die Regierungen der EWU die Kreditvergabekapazität der Europäischen Finanzstabilisierungsfazilität (EFSF)[263] von 250 Mrd. Euro auf 440 Mrd. Euro anzuheben.[264] Fast zeitgleich wird auch der dauerhafte ESM beschlossen, welcher in Form eines Fonds Hilfsmittel in Höhe von 700 Mrd. Euro bereit stellen kann.[265]

Die *Phase 5* (Eskalation) zeichnet sich durch sinkende Euro-Kurse aus. Die Phase ist von verstärkten Marktreaktionen geprägt. Weitere Mitgliedsstaaten leiden immens unter den Folgen der Krise und ihren Staatsverschuldungen.[266] Die Notwendigkeit weiterer Hilfspakete, wie bspw. das Hilfspaket für Portugal in Höhe von 78 Mrd. Euro, besteht.[267] Ende 2011 beginnt die EZB italienische und spanische Anleihen aufzukaufen, um die Länder zu entlasten.[268]

---

[258] Vgl. Hesse, M. et al. (2011), S. 66.
[259] Vgl. Darnstädt, T. et al. (2011), S. 42.
[260] Vgl. Moeller, W. (2011), S. 7.
[261] Vgl. ebd.
[262] Vgl. Brunetti, A. (2011), S. 17.
[263] Der EFSF wurde im Juni 2010 gegründet und hat als Gesellschafter die Mitgliedsstaaten der Euro-Gruppe. Der EFSF kann im Krisenfall Kredite in Höhe von 440 Mrd. Euro aufnehmen, indem sie Anleihen begibt. Gleichzeitig ist mit Garantien der Euro-Staaten in Höhe von 780 Mrd. Euro abgesichert. Ziel ist die Kredite an die finanziell angeschlagenen Mitgliedsstaaten weiter zu reichen, wenn diese sich am Kapitalmarkt keine bezahlbare Finanzierungsmöglichkeit mehr vorfinden [Vgl. Moeller, W. (2011), S. 56f.].
[264] Vgl. Hesse, M. et al. (2011), S. 66.
[265] Vgl. Darnstädt, T. et al. (2011), S. 43; Hesse, M. et al. (2011), S. 67; Batzoglou, F. et al. (2011), S. 67.
[266] Vgl. Hesse, M. et al. (2011), S. 67; Brunetti, A. (2011), S. 17; Müller, H. (2011), S. 84; Darnstädt, T. et al. (2011), S. 43; Busch, B./Matthes, J. (2010), S. 6.
[267] Vgl. Darnstädt, T. et al. (2011), S. 43.
[268] Vgl. Müller, H. (2011), S. 84.

3.1.3 Ratingentscheidungen im Verlauf der Euro-Krise

Im nächsten Schritt werden nun dem Wechselkursverlauf des Euro die getroffenen Ratingentscheidungen der drei amerikanischen Ratingagenturen hinzugefügt (S&P: brauner Kreis; Moody's: blaues Viereck, Fitch: grünes Dreieck). Dabei werden für die einzelnen Jahre im Zeitraum 2009 bis 2012 sowohl die Anzahl der Ratings ermittelt, als auch deren Frequenz. Zudem werden die Jahre miteinander anhand der Ratingentscheidungen verglichen, sowie die wichtigsten Ratingentscheidungen näher erläutert.

Abbildung 17: Verlauf des Euro-Kurses und Ratingentscheidungen 2009
Quelle: Eigene Darstellung in Anlehnung an Anlage 4.

Im Jahr 2009 wurden von den drei amerikanischen Ratingagenturen insgesamt 13 Ratingentscheidungen ausgesprochen. Führend war dabei S&P mit sieben Ratings im Euro-Raum, gefolgt von Fitch (vier Ratings) und Moody's (zwei Ratings). Es ergibt sich so eine Ratingfrequenz von 0,05 Ratingentscheidungen pro Handelstag.[269] Die 18 Ratings entfielen dabei auf fünf Mitgliedsstaaten der EWU. Griechenland und Irland zählten dabei mit jeweils fünf Ratings die meisten Ratingentscheidungen.[270]

---

[269] Vgl. Anlage 7, o.S.

[270] Vgl. Standard & Poor's (2012b), S. 6ff; Fitch Ratings (2009a), o.S.; Fitch Ratings (2009b), o.S.; Fitch Ratings (2009c), o.S.; Moody's (2009a), o.S.; Moody's (2009b), o.S.; Moody's (2009c), o.S.; Moody's (2009d), o.S.; Boerse.de (2009a), o.S.; Boerse.de (2009b), o.S.; Boerse.de (2009c), o.S.; Boerse.de (2009d), o.S.; Boerse.de (2009e), o.S.; Boerse.de (2009f), o.S.; Boerse.de (2009g), o.S.; Boerse.de (2009h), o.S.; Boerse.de (2009i), o.S.; Boerse.de (2009k), o.S.; Boerse.de (2009l), o.S.; Boerse.de (2009m), o.S.; Boerse.de (2009n), o.S.; Boerse.de (2009o), o.S., Standard & Poor's (2012b), S. 6ff; Fitch Ratings (2010a), o.S.; Fitch Ratings (2010b), o.S.; Fitch Ratings (2010c), o.S.; Fitch Ratings (2010d), o.S.; Moody's (2010a), o.S.; Moody's (2010b), o.S.; Moody's (2010c), o.S.; Moody's (2010d), o.S.; Boerse.de (2010a), o.S.; Boerse.de (2010b), o.S.; Boerse.de (2010c), o.S.; Boerse.de (2010d), o.S.; Boerse.de (2010e), o.S.; Boerse.de (2010f), o.S.; Boerse.de (2010g), o.S.; Boerse.de (2010h), o.S.; Boerse.de (2010i), o.S.; Boerse.de (2010k), o.S.; Boerse.de (2010l), o.S.; Boerse.de (2010m), o.S.; Boerse.de (2010n), o.S.; Boerse.de (2010o), o.S., Standard & Poor's (2012b), S. 6ff; Fitch Ratings (2011a), o.S.; Fitch Ratings (2011b), o.S.; Fitch Ratings (2011c), o.S.; Fitch Ratings (2011d), o.S.; Moody's (2011a), o.S.; Moody's (2011b), o.S.; Moody's (2011c), o.S.; Moody's (2011d), o.S.; Moody's (2011e), o.S.; Boerse.de (2011a), o.S.; Boerse.de (2011b), o.S.; Boerse.de (2011c), o.S.; Boerse.de (2011d), o.S.; Boerse.de (2011e), o.S.; Boerse.de (2011f), o.S.; Boerse.de (2011g), o.S.; Boerse.de (2011h), o.S.; Boerse.de (2011i), o.S.; Boerse.de (2011k), o.S.; Boerse.de (2011m), o.S.; Boerse.de (2011n), o.S.; Boerse.de (2011o), o.S.; Boerse.de (2011p), o.S.; Standard & Poor's (2012b), S. 6ff; Fitch Ratings (2012b), o.S.; Fitch Ratings (2012c), o.S.; Fitch Ratings (2012d), o.S.; Fitch Ratings (2012e), o.S.; Moody's (2012a), o.S.; Moody's (2012b), o.S.; Moody's (2012c), o.S.; Boerse.de (2012a), o.S.; Boerse.de (2012b), o.S.; Boerse.de (2012c), o.S.;

Die erwähnenswertesten Ratingentscheidungen sind vor allem jene rund um die griechischen Staatsanleihen. Zu Beginn des Jahres waren diese noch bei allen drei Ratingagenturen als "prinzipiell sichere Anlage" bewertet. Im Verlauf des Jahres jedoch stuften zumindest S&P als auch Fitch die Papiere um drei Stufen auf das Niveau "durchschnittlich gute Anlage" herunter (vgl. Kap. 2.2.4.1.1ff.).[271] Fitch begründete dies mit Bedenken hinsichtlich der mittelfristigen Aussichten für die öffentlichen Finanzen. Gleichzeitig äußerte es Zweifel in Bezug auf die Möglichkeiten einer ausgewogenen und nachhaltigen wirtschaftlichen Erholung.[272] Die Ratingentscheidung nimmt damit auch Bezug auf das mehrfach nach oben korrigierte Staatsdefizit Griechenlands (vgl. Kap. 3.1.2).

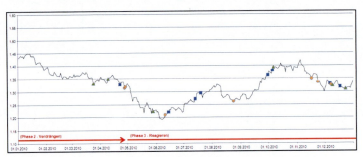

Abbildung 18: Verlauf des Euro-Kurses und Ratingentscheidungen 2010
Quelle: Eigene Darstellung in Anlehnung an Anlage 4.

Im Jahr 2010 wurden von den drei amerikanischen Ratingagenturen insgesamt 18 Ratingentscheidungen über sechs Mitgliedsstaaten der EWU ausgesprochen.[273] Dies entspricht einem

Boerse.de (2012d), o.S.; Boerse.de (2012e), o.S.; Boerse.de (2012f), o.S.; Boerse.de (2012g), o.S.; Boerse.de (2012h), o.S.; Boerse.de (2012i), o.S.; Boerse.de (2012k), o.S.; Boerse.de (2012l), o.S.; Boerse.de (2012m), o.S.; Boerse.de (2012n), o.S.

[271] Vgl. Standard & Poor's (2012b), S. 6ff; Fitch Ratings (2009a), o.S.; Fitch Ratings (2009b), o.S.; Fitch Ratings (2009c), o.S.; Moody's (2009a), o.S.; Moody's (2009b), o.S.; Moody's (2009c), o.S.; Moody's (2009d), o.S.; Boerse.de (2009a), o.S.; Boerse.de (2009b), o.S.; Boerse.de (2009c), o.S.; Boerse.de (2009d), o.S.; Boerse.de (2009e), o.S.; Boerse.de (2009f), o.S.; Boerse.de (2009g), o.S.; Boerse.de (2009h), o.S.; Boerse.de (2009i), o.S.; Boerse.de (2009k), o.S.; Boerse.de (2009l), o.S.; Boerse.de (2009m), o.S.; Boerse.de (2009n), o.S.; Boerse.de (2009o), o.S.

[272] Vgl. Fitch Ratings (2009d), o.S.

[273] Vgl. Standard & Poor's (2012b), S. 6ff; Fitch Ratings (2009a), o.S.; Fitch Ratings (2009b), o.S.; Fitch Ratings (2009c), o.S.; Moody's (2009a), o.S.; Moody's (2009b), o.S.; Moody's (2009c), o.S.; Moody's (2009d), o.S.; Boerse.de (2009a), o.S.; Boerse.de (2009b), o.S.; Boerse.de (2009c), o.S.; Boerse.de (2009d), o.S.; Boerse.de (2009e), o.S.; Boerse.de (2009f), o.S.; Boerse.de (2009g), o.S.; Boerse.de (2009h), o.S.; Boerse.de (2009i), o.S.; Boerse.de (2009k), o.S.; Boerse.de (2009l), o.S.; Boerse.de (2009m), o.S.; Boerse.de (2009n), o.S.; Boerse.de (2009o), o.S., Standard & Poor's (2012b), S. 6ff; Fitch Ratings (2010a), o.S.; Fitch Ratings (2010b), o.S.; Fitch Ratings (2010c), o.S.; Fitch Ratings (2010d), o.S.; Moody's (2010a), o.S.; Moody's (2010b), o.S.; Moody's (2010c), o.S.; Moody's (2010d), o.S.; Boerse.de (2010a), o.S.; Boerse.de (2010b), o.S.; Boerse.de (2010c), o.S.; Boerse.de (2010d), o.S.; Boerse.de (2010e), o.S.; Boerse.de (2010f), o.S.; Boerse.de (2010g), o.S.; Boerse.de (2010h), o.S.; Boerse.de (2010i), o.S.; Boerse.de (2010k), o.S.; Boerse.de (2010l), o.S.; Boerse.de (2010m), o.S.; Boerse.de (2010n), o.S.; Boerse.de (2010o), o.S., Standard & Poor's (2012b), S. 6ff; Fitch

Anstieg von 38 Prozent gegenüber dem Vorjahr. Dabei lagen S&P, Moody's und Fitch mit jeweils sechs Entscheidungen gleich auf. Resultierend aus der höheren Anzahl der Ratingentscheidungen, ergibt sich so eine Ratingfrequenz von 0,07 Ratings pro Handelstag.[274] Mit Blick auf den Verlauf des Euro-Kurses zeigt sich, dass der positiv aufsteigende Trend zu Jahresbeginn nicht fortgesetzt werden kann (vgl. Abb. 18). Zum Jahresbeginn sinkt der Kurs stetig ab und erreicht zur Jahresmitte gar seinen absoluten Tiefpunkt (vgl. Kap. 3.1.2). Von dort kann er sich bis zum Jahresende jedoch wieder deutlich erholen und schließlich stabilisieren (vgl. Abb. 17).

Die meisten Ratings (sechs Ratingentscheidungen) des Jahres entfielen auf Irland.[275] Dabei handelte es sich stets um Herabstufungen. Die Staatsanleihen des Landes verloren bei den Ratingagenturen Moody's und Fitch den Status der „sicheren Anlage" und wurden zum Jahresende als „durchschnittlich gute Anlagen" bewertet (vgl. Kap. 2.2.4.1.1ff.).[276] Moody's

---

Ratings (2011a), o.S.; Fitch Ratings (2011b), o.S.; Fitch Ratings (2011c), o.S.; Fitch Ratings (2011d), o.S.; Moody's (2011a), o.S.; Moody's (2011b), o.S.; Moody's (2011c), o.S.; Moody's (2011d), o.S.; Moody's (2011e), o.S.; Boerse.de (2011a), o.S.; Boerse.de (2011b), o.S.; Boerse.de (2011c), o.S.; Boerse.de (2011d), o.S.; Boerse.de (2011e), o.S.; Boerse.de (2011f), o.S.; Boerse.de (2011g), o.S.; Boerse.de (2011h), o.S.; Boerse.de (2011i), o.S.; Boerse.de (2011k), o.S.; Boerse.de (2011m), o.S.; Boerse.de (2011n), o.S.; Boerse.de (2011o), o.S.; Boerse.de (2011p), o.S.; Standard & Poor's (2012b), S. 6ff; Fitch Ratings (2012b), o.S.; Fitch Ratings (2012c), o.S.; Fitch Ratings (2012d), o.S.; Fitch Ratings (2012e), o.S.; Moody's (2012a), o.S.; Moody's (2012b), o.S.; Moody's (2012c), o.S.; Boerse.de (2012a), o.S.; Boerse.de (2012b), o.S.; Boerse.de (2012c), o.S.; Boerse.de (2012d), o.S.; Boerse.de (2012e), o.S.; Boerse.de (2012f), o.S.; Boerse.de (2012g), o.S.; Boerse.de (2012h), o.S.; Boerse.de (2012i), o.S.; Boerse.de (2012k), o.S.; Boerse.de (2012l), o.S.; Boerse.de (2012m), o.S.; Boerse.de (2012n), o.S.

[274] Vgl. Anlage 7, o.S.

[275] Vgl. Standard & Poor's (2012b), S. 6ff; Fitch Ratings (2009a), o.S.; Fitch Ratings (2009b), o.S.; Fitch Ratings (2009c), o.S.; Moody's (2009a), o.S.; Moody's (2009b), o.S.; Moody's (2009c), o.S.; Moody's (2009d), o.S.; Boerse.de (2009a), o.S.; Boerse.de (2009b), o.S.; Boerse.de (2009c), o.S.; Boerse.de (2009d), o.S.; Boerse.de (2009e), o.S.; Boerse.de (2009f), o.S.; Boerse.de (2009g), o.S.; Boerse.de (2009h), o.S.; Boerse.de (2009i), o.S.; Boerse.de (2009k), o.S.; Boerse.de (2009l), o.S.; Boerse.de (2009m), o.S.; Boerse.de (2009n), o.S.; Boerse.de (2009o), o.S., Standard & Poor's (2012b), S. 6ff; Fitch Ratings (2010a), o.S.; Fitch Ratings (2010b), o.S.; Fitch Ratings (2010c), o.S.; Fitch Ratings (2010d), o.S.; Moody's (2010a), o.S.; Moody's (2010b), o.S.; Moody's (2010c), o.S.; Moody's (2010d), o.S.; Boerse.de (2010a), o.S.; Boerse.de (2010b), o.S.; Boerse.de (2010c), o.S.; Boerse.de (2010d), o.S.; Boerse.de (2010e), o.S.; Boerse.de (2010f), o.S.; Boerse.de (2010g), o.S.; Boerse.de (2010h), o.S.; Boerse.de (2010i), o.S.; Boerse.de (2010k), o.S.; Boerse.de (2010l), o.S.; Boerse.de (2010m), o.S.; Boerse.de (2010n), o.S.; Boerse.de (2010o), o.S., Standard & Poor's (2012b), S. 6ff; Fitch Ratings (2011a), o.S.; Fitch Ratings (2011b), o.S.; Fitch Ratings (2011c), o.S.; Fitch Ratings (2011d), o.S.; Moody's (2011a), o.S.; Moody's (2011b), o.S.; Moody's (2011c), o.S.; Moody's (2011d), o.S.; Moody's (2011e), o.S.; Boerse.de (2011a), o.S.; Boerse.de (2011b), o.S.; Boerse.de (2011c), o.S.; Boerse.de (2011d), o.S.; Boerse.de (2011e), o.S.; Boerse.de (2011f), o.S.; Boerse.de (2011g), o.S.; Boerse.de (2011h), o.S.; Boerse.de (2011i), o.S.; Boerse.de (2011k), o.S.; Boerse.de (2011m), o.S.; Boerse.de (2011n), o.S.; Boerse.de (2011o), o.S.; Boerse.de (2011p), o.S.; Standard & Poor's (2012b), S. 6ff; Fitch Ratings (2012b), o.S.; Fitch Ratings (2012c), o.S.; Fitch Ratings (2012d), o.S.; Fitch Ratings (2012e), o.S.; Moody's (2012a), o.S.; Moody's (2012b), o.S.; Moody's (2012c), o.S.; Boerse.de (2012a), o.S.; Boerse.de (2012b), o.S.; Boerse.de (2012c), o.S.; Boerse.de (2012d), o.S.; Boerse.de (2012e), o.S.; Boerse.de (2012f), o.S.; Boerse.de (2012g), o.S.; Boerse.de (2012h), o.S.; Boerse.de (2012i), o.S.; Boerse.de (2012k), o.S.; Boerse.de (2012l), o.S.; Boerse.de (2012m), o.S.; Boerse.de (2012n), o.S.

[276] Vgl. Standard & Poor's (2012b), S. 6ff; Fitch Ratings (2010a), o.S.; Fitch Ratings (2010b), o.S.; Fitch Ratings (2010c), o.S.; Fitch Ratings (2010d), o.S.; Moody's (2010a), o.S.; Moody's (2010b), o.S.; Moody's (2010c), o.S.; Moody's (2010d), o.S.; Boerse.de (2010a), o.S.; Boerse.de (2010b), o.S.; Boerse.de (2010c), o.S.; Boerse.de (2010d), o.S.; Boerse.de (2010e), o.S.; Boerse.de (2010f), o.S.; Boerse.de (2010g), o.S.; Boerse.de

berücksichtigte dabei, dass Irland zum Ende des Jahres finanzielle Mittel aus dem Rettungs-schirm anfordern musste.[277]

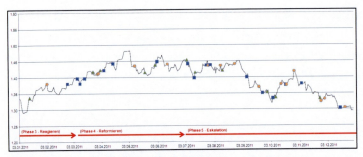

Abbildung 19: Verlauf des Euro-Kurses und Ratingentscheidungen 2011
Quelle: Eigene Darstellung in Anlehnung an Anlage 4.

Im Jahr 2011 wurden von den drei amerikanischen Ratingagenturen insgesamt 40 Ratingent-scheidungen ausgesprochen. Damit ist der Vorjahreswert mehr als verdoppelt (Anstieg um 122 Prozent). Moody's fällte 17 Ratings gefolgt von S&P mit 14 und Fitch mit neun. Damit ergibt sich eine Ratingfrequenz von 0,15 Ratings pro Handelstag.[278] Auffällig ist jedoch auch, dass die amerikanischen Ratingagenturen an sechs Handelstagen Ratings für mehrere Staaten der Euro-Zone gleichzeitig aussprachen. In den Jahren 2009 und 2010 war dies in Summe nur drei Mal geschehen. [279] So überrascht, dass der Kursverlauf bis zum dritten Quartal dieses

(2010h), o.S.; Boerse.de (2010i), o.S.; Boerse.de (2010k), o.S.; Boerse.de (2010l), o.S.; Boerse.de (2010m), o.S.; Boerse.de (2010n), o.S.; Boerse.de (2010o), o.S.

[277] Vgl. Brunetti, A. (2011), S. 17; Moody's (2010e), o.S.

[278] Vgl. Anlage 7, o.S.

[279] Vgl. Standard & Poor's (2012b), S. 6ff; Fitch Ratings (2009a), o.S.; Fitch Ratings (2009b), o.S.; Fitch Ratings (2009c), o.S.; Fitch Ratings (2010d), o.S.; Moody's (2010a), o.S.; Moody's (2010b), o.S.; Moody's (2009a), o.S.; Moody's (2009b), o.S.; Moody's (2009c), o.S.; Moody's (2009d), o.S.; Boerse.de (2009a), o.S.; Boerse.de (2009b), o.S.; Boerse.de (2009c), o.S.; Boerse.de (2009d), o.S.; Boerse.de (2009e), o.S.; Boerse.de (2009f), o.S.; Boerse.de (2009g), o.S.; Boerse.de (2009h), o.S.; Boerse.de (2009i), o.S.; Boerse.de (2009k), o.S.; Boerse.de (2009l), o.S.; Boerse.de (2009m), o.S.; Boerse.de (2009n), o.S.; Boerse.de (2009o), o.S., Standard & Poor's (2012b), S. 6ff; Fitch Ratings (2010b), o.S.; Fitch Ratings (2010c), o.S.; Fitch Ratings (2010d), o.S.; Moody's (2010a), o.S.; Moody's (2010b), o.S.; Moody's (2010c), o.S.; Moody's (2010d), o.S.; Boerse.de (2010a), o.S.; Boerse.de (2010b), o.S.; Boerse.de (2010c), o.S.; Boerse.de (2010d), o.S.; Boerse.de (2010e), o.S.; Boerse.de (2010f), o.S.; Boerse.de (2010g), o.S.; Boerse.de (2010h), o.S.; Boerse.de (2010i), o.S.; Boerse.de (2010k), o.S.; Boerse.de (2010l), o.S.; Boerse.de (2010m), o.S.; Boerse.de (2010n), o.S.; Boerse.de (2010o), o.S., Standard & Poor's (2012b), S. 6ff; Fitch Ratings (2011a), o.S.; Fitch Ratings (2011b), o.S.; Fitch Ratings (2011c), o.S.; Fitch Ratings (2011d), o.S.; Moody's (2011a), o.S.; Moody's (2011b), o.S.; Moody's (2011c), o.S.; Moody's (2011d), o.S.; Moody's (2011e), o.S.; Boerse.de (2011a), o.S.; Boerse.de (2011b), o.S.; Boerse.de (2011c), o.S.; Boerse.de (2011d), o.S.; Boerse.de (2011e), o.S.; Boerse.de (2011f), o.S.; Boerse.de (2011g), o.S.; Boerse.de (2011h), o.S.; Boerse.de (2011i), o.S.; Boerse.de (2011k), o.S.; Boerse.de (2011m), o.S.; Boerse.de (2011n), o.S.; Boerse.de (2011o), o.S.; Boerse.de (2011p), o.S.; Standard & Poor's (2012b), S. 6ff; Fitch Ratings (2012b), o.S.; Fitch Ratings (2012c), o.S.; Fitch Ratings (2012d), o.S.; Fitch Ratings (2012e), o.S.; Moody's (2012a), o.S.; Moody's (2012b), o.S.; Moody's (2012c), o.S.; Boerse.de (2012a), o.S.; Boerse.de (2012b), o.S.; Boerse.de (2012c), o.S.; Boerse.de (2012d), o.S.; Boerse.de (2012e), o.S.; Boerse.de (2012f), o.S.; Boerse.de (2012g), o.S.; Boerse.de (2012h), o.S.; Boerse.de (2012i), o.S.; Boerse.de (2012k), o.S.; Boerse.de (2012l), o.S.; Boerse.de (2012m), o.S.; Boerse.de (2012n), o.S.

Jahres durchaus stabil ist. Lediglich ab November fällt der Kurs wieder deutlich ab (vgl. Abb. 19).

Im Fokus der Ratings standen auch in diesem Jahr die griechischen Staatsanleihen. Im Jahresverlauf wurden die Anleihen mit zehn Ratings bedacht und so auf den Status „extrem spekulativ" herabgestuft (vgl. Kap. 2.2.4.1.1ff.).[280] In diesem Zusammenhang kann auch darauf hingewiesen werden, dass Griechenland so innerhalb von drei Jahren bspw. bei S&P den Status der Top-Bonität verlor. Diesen hatte es vorher von 1997 bis 2009 ununterbrochen besessen.[281] Begründet wurde dies u.a. mit dem Fehlen eines perspektivischen Finanzierungsprogrammes der EU für Griechenland, sowie mit erhöhter Unsicherheit über den makroökonomischen Ausblick des Landes.[282]

Abbildung 20: Verlauf des Euro-Kurses und Ratingentscheidungen 2012
Quelle: Eigene Darstellung in Anlehnung an Anlage 4.

Im gemessenen Zeitraum 2012 wurden von den drei amerikanischen Ratingagenturen insgesamt 30 Ratingentscheidungen ausgesprochen. S&P fällte mit 14 Ratings doppelt so viele Entscheidungen wie Moody's (sieben Ratings). Fitch liegt mit neun Ratings im Mittelfeld. Damit ergibt sich eine Ratingfrequenz von 0,12 Ratings pro Handelstag, die nur leicht unter dem Vorjahr liegt. Sie bleibt damit auf ähnlichem hohem Niveau, wie in 2011. Erneut ist der Anteil der Herabstufungen, mit 28 Ratings, deutlich höher als der für Aufwertungen (zwei Ratings).[283] Trotzdem verlief der Euro-Kurs nahezu stabil. Lediglich im Juli näherte der Kurs sich dem Allzeittief aus dem Jahr 2010 deutlich an (vgl. Abb. 19).

---

[280] Vgl. Standard & Poor's (2012b), S. 6ff; Fitch Ratings (2011a), o.S.; Fitch Ratings (2011b), o.S.; Fitch Ratings (2011c), o.S.; Fitch Ratings (2011d), o.S.; Moody's (2011a), o.S.; Moody's (2011b), o.S.; Moody's (2011c), o.S.; Moody's (2011d), o.S.; Moody's (2011e), o.S.; Boerse.de (2011a), o.S.; Boerse.de (2011b), o.S.; Boerse.de (2011c), o.S.; Boerse.de (2011d), o.S.; Boerse.de (2011e), o.S.; Boerse.de (2011f), o.S.; Boerse.de (2011g), o.S.; Boerse.de (2011h), o.S.; Boerse.de (2011i), o.S.; Boerse.de (2011k), o.S.; Boerse.de (2011m), o.S.; Boerse.de (2011n), o.S.; Boerse.de (2011o), o.S.; Boerse.de (2011p), o.S.
[281] Vgl. Standard & Poor's (2012b), S. 20f.
[282] Vgl. Fitch Ratings (2011e), o.S.; Moody's (2011f), o.S.
[283] Vgl. Anlage 7, o.S.

Besonders heraus zu stellen sind in diesem Zeitraum die Ratingentscheidungen von S&P am 13.01.2012. An diesem Tag senkte S&P die Kreditwürdigkeit von neun Staaten herab und versah die Bonitätsnoten von 14 Staaten mit einem negativen Ausblick.[284] Nachdem die Gerüchte über die Ratings den Markt erreichten, sackte der Euro-Kurs zwischenzeitlich um 2,0 Prozent ab (vgl. Abb. 21).[285]

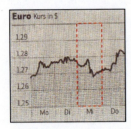

Abbildung 21: Euro-Kursverlauf am 13.01.2012
Quelle: Entnommen aus Financial Times Deutschland (2012a), S. 19.

In Summe gab es damit während des betrachteten Zeitraums 99 Ratingentscheidungen. Davon waren 95 Entscheidungen Herabstufungen und 4 Ratings Aufwertungen von Staaten. Die meisten Ratingentscheidungen entfielen dabei auf Griechenland (26 Ratings), gefolgt von Zypern (13) und Spanien (11). S&P sprach mit 41 Ratings die meisten Entscheidungen, vor Moody's (32) und Fitch (28) aus.[286]

---

[284] Vgl. Buholzer, M. (2012), o.S.
[285] Vgl. Dohms, H.-R./Kühnlenz, A./Goebbels, T. (2012), S. 17.
[286] Vgl. Standard & Poor's (2012b), S. 6ff; Fitch Ratings (2009a), o.S.; Fitch Ratings (2009b), o.S.; Fitch Ratings (2009c), o.S.; Moody's (2009a), o.S.; Moody's (2009b), o.S.; Moody's (2009c), o.S.; Moody's (2009d), o.S.; Boerse.de (2009a), o.S.; Boerse.de (2009b), o.S.; Boerse.de (2009c), o.S.; Boerse.de (2009d), o.S.; Boerse.de (2009e), o.S.; Boerse.de (2009f), o.S.; Boerse.de (2009g), o.S.; Boerse.de (2009h), o.S.; Boerse.de (2009i), o.S.; Boerse.de (2009k), o.S.; Boerse.de (2009l), o.S.; Boerse.de (2009m), o.S.; Boerse.de (2009n), o.S.; Boerse.de (2009o), o.S., Standard & Poor's (2012b), S. 6ff; Fitch Ratings (2010a), o.S.; Fitch Ratings (2010b), o.S.; Fitch Ratings (2010c), o.S.; Fitch Ratings (2010d), o.S.; Moody's (2010a), o.S.; Moody's (2010b), o.S.; Moody's (2010c), o.S.; Moody's (2010d), o.S.; Boerse.de (2010a), o.S.; Boerse.de (2010b), o.S.; Boerse.de (2010c), o.S.; Boerse.de (2010d), o.S.; Boerse.de (2010e), o.S.; Boerse.de (2010f), o.S.; Boerse.de (2010g), o.S.; Boerse.de (2010h), o.S.; Boerse.de (2010i), o.S.; Boerse.de (2010k), o.S.; Boerse.de (2010m), o.S.; Boerse.de (2010n), o.S.; Boerse.de (2010o), o.S., Standard & Poor's (2012b), S. 6ff; Fitch Ratings (2011a), o.S.; Fitch Ratings (2011b), o.S.; Fitch Ratings (2011c), o.S.; Fitch Ratings (2011d), o.S.; Moody's (2011a), o.S.; Moody's (2011b), o.S.; Moody's (2011c), o.S.; Moody's (2011d), o.S.; Moody's (2011e), o.S.; Boerse.de (2011a), o.S.; Boerse.de (2011b), o.S.; Boerse.de (2011c), o.S.; Boerse.de (2011d), o.S.; Boerse.de (2011e), o.S.; Boerse.de (2011f), o.S.; Boerse.de (2011g), o.S.; Boerse.de (2011h), o.S.; Boerse.de (2011i), o.S.; Boerse.de (2011k), o.S.; Boerse.de (2011m), o.S.; Boerse.de (2011n), o.S.; Boerse.de (2011o), o.S.; Boerse.de (2011p), o.S.; Standard & Poor's (2012b), S. 6ff; Fitch Ratings (2012b), o.S.; Fitch Ratings (2012c), o.S.; Fitch Ratings (2012d), o.S.; Fitch Ratings (2012e), o.S.; Moody's (2012a), o.S.; Moody's (2012b), o.S.; Moody's (2012c), o.S.; Boerse.de (2012a), o.S.; Boerse.de (2012b), o.S.; Boerse.de (2012c), o.S.; Boerse.de (2012d), o.S.; Boerse.de (2012e), o.S.; Boerse.de (2012f), o.S.; Boerse.de (2012g), o.S.; Boerse.de (2012h), o.S.; Boerse.de (2012i), o.S.; Boerse.de (2012k), o.S.; Boerse.de (2012l), o.S.; Boerse.de (2012m), o.S.; Boerse.de (2012n), o.S.

3.2 Statistische Analyse der Auswirkungen von Ratings

3.2.1 Auswahl des Analyse-Verfahrens

Ziel dieser Arbeit ist es den Grad des Einflusses amerikanischer Ratingagenturen auf die Krise der EWU zu ermitteln. Hierbei lässt sich das statistische Verfahren der Varianzanalyse anwenden. Die Verfahren beruhen auf der Annahme, dass es einen linearen Zusammenhang zwischen einem oder mehreren unabhängigen Merkmalen gibt.[287] Das Verfahren wird dann angewandt, wenn der explizite Zusammenhang der Merkmale ermittelt werden soll.[288] So wird in dieser Arbeit zur Ermittlung des Einflussgrades von Ratings zunächst ein Vergleich der Mittelwerte mit anschließender Varianzanalyse mittels des Determinationskoeffizients η^2 angewandt.

Die Varianzanalyse (ANOVA, da *analysis of variance*) ist ein statistisches Verfahren mit dem Ziel, den Einfluss bestimmter ursächlicher Faktoren auf ein Geschehen zu bestimmen.[289] Grundsätzlich kann die Varianzanalyse in die einfaktorielle und die zweifaktorielle ANOVA unterschieden werden. Die einfaktorielle ANOVA untersucht, wie sich in der Grundgesamt-heit der Variation einer Einflussgröße (X) auf eine Zielvariable (Y) auswirkt, wohingegen die zweifaktorielle ANOVA mindestens zwei Einflussgrößen (X_1, X_2, ..., X_n) betrachtet.[290] Für die hier durchgeführte Analyse wurde die einfaktorielle ANOVA angewandt, da lediglich der Einfluss von Ratingentscheidungen als Einflussgröße untersucht werden soll.

In der ANOVA werden die Ausprägung von Einflussgrößen als Faktorstufen oder Faktor-gruppen bezeichnet.[291] Der Faktor, welcher im Rahmen dieser Analyse herangezogen wird, ist die Ratingentscheidung der Ratingagenturen. Seine Ausprägungen, d.h. die Faktorstufen, sind hier durch die Art des Ratings repräsentiert:[292]

- Eine negative Ratingentscheidung (Abwertung) bedeutet -1
- Keine Ratingentscheidung bedeutet 0
- Eine positive Ratingentscheidung (Aufwertung) bedeutet 1

---

[287] Vgl. Mittag, H.-J. (2012), S. 253.
[288] Vgl. Sibbertsen, S./Lehne, H. (2012), S. 137.
[289] Vgl. Georgii, H.-O. (2009), S. 342.
[290] Vgl. Mittag, H.-J. (2012), S. 255; Mittag, H.-J. (2012), S. 263.
[291] Vgl. Mittag, H.-J. (2012), S. 254; Eckstein, P. P. (2006), S. 126.
[292] Vgl. Anlage 5, o.S.

Für die in der, in Kapitel 3.2.2.1 folgende statistische Analyse werden nachfolgende Werte herangezogen:

- als abhängige Variable Y, der Differenzwert (Δ) des Euro-Kurses zum Vortag
- als unabhängige Variable (X) die Ratingurteile mit den jeweiligen Ausprägungen
- als Ausprägungswerte dienen die Abwertung (-1), kein Rating (0) und Aufwertung (1)

Die Stärke eines Zusammenhangs ist in der Statistik mit dem Determinationskoeffizienten[293] η^2 oder auch R^2 beschrieben. Dabei ist der Determinationskoeffizient wie folgt definiert:[294]

$$\eta^2 = R^2 = \frac{s_{\hat{y}}^2}{s_y^2}$$

$s_{\hat{y}}^2$ stellt dabei die erklärbare Varianz des Modells und s_y^2 die Gesamtvariation dar.[295] Auf die Forschungsfrage übertragen bedeutet dies, inwiefern ist die Varianz der Differenzwerte (Δ) des Euro-Kurses (im Modell s_y^2) durch die Ratings (im Modell $s_{\hat{y}}^2$) zu erklären. Durch die positiven Werte aller Komponenten und ihrer Normierung liegt η^2 im Ergebnis stets zwischen null und eins.[296] Je näher dabei sein Wert an Eins liegt, desto größer ist der, durch die Faktoren erklärte Anteil der Streuung an der Gesamtstreuung – und umso stärker ist der Gesamteffekt zu bewerten.[297] Je näher η^2 an der Null liegt, desto weniger liefert die Varianzanalyse einen Erklärungsbeitrag zur Variabilität der Daten.[298]

Zur besseren Einordnung des Analyseergebnisses von η^2 werden folgende Ergebnisgruppen aufgestellt (vgl. Tabelle 11):

Ergebnisgruppen (η^2 liegt zwischen…)	Interpretation
0,00 und 0,10	Es liegt kein direkter Gesamteffekt vor.
0,11 und 0,25	Es liegt ein sehr geringer Gesamteffekt vor.
0,26 und 0,50	Es liegt ein geringer Gesamteffekt vor.
0,51 und 0,75	Es liegt ein mittlerer Gesamteffekt vor.
0,76 und 0,80	Es liegt ein starker Gesamteffekt vor.
0,81 und 1,00	Es liegt ein direkter Gesamteffekt vor.

Tabelle 11: Ergebnisgruppen zur Interpretation des Determinationskoeffizienten
Quelle: Eigene Darstellung.

---

[293] In der einschlägigen Literatur wird das Bestimmtheitsmaß als Synonym für den Determinationskoeffizienten verwendet [vgl. Benesch, T. (2013), S. 73; Mittag, H.-J. (2012), S. 243].
[294] Vgl. Sibbertsen, S./Lehne, H. (2012), S. 145; Mittag, H.-J. (2012), S. 243.
[295] Vgl. Mittag, H.-J. (2012), S. 243.
[296] Vgl. Mittag, H.-J. (2012), S. 243.
[297] Vgl. Meyers, L. S. et al. (2013), S. 296; Benesch, T. (2013), S. 73.
[298] Vgl. Mittag, H.-J. (2012), S. 251.

3.2.2 Statistische Analyse und Ergebnisse

Es ist das Ziel dieser Arbeit, den Einfluss amerikanischer Ratingagenturen auf die Krise der EWU anhand der Wechselkursentwicklung heraus zu finden. Dafür wurden die Wechselkurse des Euro-Raums im Zeitraum 2009 – 2012 um die Ratingentscheidungen der Ratingagenturen für die Mitgliedssaaten der EWU ergänzt (vgl. Kap. 3.1.3). Unter der Prämisse, dass Ratings für Mitgliedsstaaten der EWU, welche den Euro nicht als Währung führen, dementsprechend auch keine Auswirkungen auf die Wechselkursentwicklung des Euro haben, wurden diese nicht in die Betrachtung mit einbezogen.

Die statistische Auswertung der Daten wurde mit Hilfe der Statistik und Analysesoftware SPSS durchgeführt. Dabei werden die Daten zunächst aus Excel heraus als Textfile geschrieben und dann in SPSS eingelesen. Es wurde die neue Variable „Bewegung" gebildet und anschließend die Mittelwertanalyse mit ANOVA durchgeführt. Dabei wurden folgende Ergebnisse ermittelt (vgl. Anlage 5).

- Der Euro-Kurs entwickelt sich bei mindestens einer negativen Bewertung (-1) um -0,19 Prozent.
- Der Euro- Kurs entwickelt sich bei mindestens einer positiven Bewertung (1) um 0,32 Prozent.

Beide Werte sind Mittelwerte und sagen daher aus, dass der Euro-Kurs bei mindestens einer negativen Bewertung durchschnittlich um 0,19 Prozent sinkt, während er bei mindestens einer positiven Bewertung durchschnittlich um 0,32 Prozent steigt.[299] In Einzelfall jedoch können bei negativen Ratings auch positive Differenzwerte des Euro-Kurses zum Vortag (Δ) festgestellt werden. Als Beispiel lässt sich hier der 21.11.2012 anführen. Obwohl an dem Tag eine Herabstufung für ein Mitgliedsland der EWU ausgesprochen wurde, gewann der Euro-Kurs um 0,11 Prozent gegenüber dem Vortag. Diese Entwicklung gilt vice versa für positive Ratings.[300]

---

[299] Vgl. Anlage 5, o.S.
[300] Vgl. Standard & Poor's (2012b), S. 6ff; Fitch Ratings (2009a), o.S.; Fitch Ratings (2009b), o.S.; Fitch Ratings (2009c), o.S.; Moody's (2009a), o.S.; Moody's (2009b), o.S.; Moody's (2009c), o.S.; Moody's (2009d), o.S.; Boerse.de (2009a), o.S.; Boerse.de (2009b), o.S.; Boerse.de (2009c), o.S.; Boerse.de (2009d), o.S.; Boerse.de (2009e), o.S.; Boerse.de (2009f), o.S.; Boerse.de (2009g), o.S.; Boerse.de (2009h), o.S.; Boerse.de (2009i), o.S.; Boerse.de (2009k), o.S.; Boerse.de (2009l), o.S.; Boerse.de (2009m), o.S.; Boerse.de (2009n), o.S.; Boerse.de (2009o), o.S., Standard & Poor's (2012b), S. 6ff; Fitch Ratings (2010a), o.S.; Fitch Ratings (2010b), o.S.; Fitch Ratings (2010c), o.S.; Fitch Ratings (2010d), o.S.; Moody's (2010a), o.S.; Moody's (2010b), o.S.; Moody's (2010c), o.S.; Moody's (2010d), o.S.; Boerse.de (2010a), o.S.; Boerse.de (2010b), o.S.; Boerse.de (2010c), o.S.; Boerse.de (2010d), o.S.; Boerse.de (2010e), o.S.; Boerse.de (2010f), o.S.; Boerse.de (2010g), o.S.;

Es ist anzumerken, dass aufgrund der geringen Fallzahl positiver Ratings (n= 4) nicht aus den Ergebnissen automatisch abgeleitet werden kann, dass Aufwertungen vom Markt deutlich positiver aufgenommen werden, als Herabstufungen. Eine geringe Fallzahl beeinflusst die statistische Aussagekraft des Ergebnisses erheblich.[301] Da die Daten jedoch Teil des Ergebnisses sind und die Fallzahl nicht beeinflusst werden konnten, sind sie hier mit aufgeführt.

- Der Euro-Kurs entwickelt sich im betrachteten Zeitraum um -0,01 Prozent.

Auch dieser Wert ist ein Mittelwert und sagt aus, dass der Trend des Euro-Kurses innerhalb des betrachteten Zeitraums im Schnitt, mit -0,01 Prozent, negativ ist.[302] Dieser Trend wurde aus dem Mittelwert der Differenzwerte des Euro-Kurses zum Vortag (Δ) errechnet und erlaubt daher nur eine tendenzielle Aussage. Der absolute Wert ergibt sich aus einem Vergleich der Euro-Kurse zu Beginn (1,4018 US-Dollar für einen Euro) und Ende (1,2986 US-Dollar für einen Euro) des gemessenen Zeitraums.[303] Hieraus lässt sich eine absolute Veränderung von -7,4 Prozent ermitteln, was bedeutet, dass der Euro-Kurs im gemessenen Zeitraum um 7,4 Prozent an Wert verloren hat.[304]

- Es ergibt sich im hier geprüften Fall ein η^2-Wert von 0,007.

Boerse.de (2010h), o.S.; Boerse.de (2010i), o.S.; Boerse.de (2010k), o.S.; Boerse.de (2010l), o.S.; Boerse.de (2010m), o.S.; Boerse.de (2010n), o.S.; Boerse.de (2010o), o.S., Standard & Poor's (2012b), S. 6ff; Fitch Ratings (2011a), o.S.; Fitch Ratings (2011b), o.S.; Fitch Ratings (2011c), o.S.; Fitch Ratings (2011d), o.S.; Moody's (2011a), o.S.; Moody's (2011b), o.S.; Moody's (2011c), o.S.; Moody's (2011d), o.S.; Moody's (2011e), o.S.; Boerse.de (2011a), o.S.; Boerse.de (2011b), o.S.; Boerse.de (2011c), o.S.; Boerse.de (2011d), o.S.; Boerse.de (2011e), o.S.; Boerse.de (2011f), o.S.; Boerse.de (2011g), o.S.; Boerse.de (2011h), o.S.; Boerse.de (2011i), o.S.; Boerse.de (2011k), o.S.; Boerse.de (2011m), o.S.; Boerse.de (2011n), o.S.; Boerse.de (2011o), o.S.; Boerse.de (2011p), o.S.; Standard & Poor's (2012b), S. 6ff; Fitch Ratings (2012b), o.S.; Fitch Ratings (2012c), o.S.; Fitch Ratings (2012d), o.S.; Fitch Ratings (2012e), o.S.; Moody's (2012a), o.S.; Moody's (2012b), o.S.; Moody's (2012c), o.S.; Boerse.de (2012a), o.S.; Boerse.de (2012b), o.S.; Boerse.de (2012c), o.S.; Boerse.de (2012d), o.S.; Boerse.de (2012e), o.S.; Boerse.de (2012f), o.S.; Boerse.de (2012g), o.S.; Boerse.de (2012h), o.S.; Boerse.de (2012i), o.S.; Boerse.de (2012k), o.S.; Boerse.de (2012l), o.S.; Boerse.de (2012m), o.S.; Boerse.de (2012n), o.S.
[301] Vgl. Buber, R./Klein, V. (2009), S. 55.
[302] Vgl. Anlage 5, o.S.
[303] Vgl. Standard & Poor's (2012b), S. 6ff; Fitch Ratings (2009a), o.S.; Fitch Ratings (2009b), o.S.; Fitch Ratings (2009c), o.S.; Moody's (2009a), o.S.; Moody's (2009b), o.S.; Moody's (2009c), o.S.; Moody's (2009d), o.S.; Boerse.de (2009a), o.S.; Boerse.de (2009b), o.S.; Boerse.de (2009c), o.S.; Boerse.de (2009d), o.S.; Boerse.de (2009e), o.S.; Boerse.de (2009f), o.S.; Boerse.de (2009g), o.S.; Boerse.de (2009h), o.S.; Boerse.de (2009i), o.S.; Boerse.de (2009k), o.S.; Boerse.de (2009l), o.S.; Boerse.de (2009m), o.S.; Boerse.de (2009n), o.S.; Boerse.de (2009o), o.S.; Standard & Poor's (2012b), S. 6ff; Fitch Ratings (2012c), o.S.; Fitch Ratings (2012d), o.S.; Fitch Ratings (2012e), o.S.; Moody's (2012a), o.S.; Moody's (2012b), o.S.; Moody's (2012c), o.S.; Boerse.de (2012a), o.S.; Boerse.de (2012b), o.S.; Boerse.de (2012c), o.S.; Boerse.de (2012d), o.S.; Boerse.de (2012e), o.S.; Boerse.de (2012f), o.S.; Boerse.de (2012g), o.S.; Boerse.de (2012h), o.S.; Boerse.de (2012i), o.S.; Boerse.de (2012k), o.S.; Boerse.de (2012l), o.S.; Boerse.de (2012m), o.S.; Boerse.de (2012n), o.S.;
[304] Zur Berechnung der absoluten Veränderung wurde der einfache Dreisatz angewandt.

Diese Zahl ist das zentrale Ergebnis der statistischen Untersuchung, da sie sich direkt der Zielstellung der Arbeit widmet. Sie sagt aus, dass 0,7 Prozent der Varianz der prozentualen Veränderung des Euro-Kurses durch den Faktor „Ratingentscheidung" erklärt werden können.[305] Überträgt man das Ergebnis in die in Kap. 3.2.1 aufgestellten Ergebnisgruppen zur Interpretation des Determinationskoeffizienten, ergibt sich, dass sich im Ergebnis der Analyse kein direkter Einfluss der Ratingentscheidungen auf den Euro-Kursverlauf nachweisen lässt (vgl. Tabelle 11).

---

[305] Vgl. Anlage 5, o.S.

3.3 Interpretation der Ergebnisse

Die Daten lassen drei mögliche Interpretationen zu. Die erste Interpretation steht unter der Prämisse der Heterogenität der Wirtschaftsnationen innerhalb der EWU. Neben schwachen Wirtschaftsnationen, mit hoher Staatsverschuldung (bspw. Griechenland und Italien), existieren in der EWU auch starke Wirtschaftsnationen, mit geringerer Staatsverschuldung (bspw. Deutschland).[306] Dies drückt sich auch in den Zinssätzen aus, zu welchem Anleger den Staaten Geld leihen. So bot Deutschland im März 2010 für 10-jährige Staatsanleihen einen Zinssatz von 3,1 Prozent an, während griechische Anleihen bei 6,24 Prozent lagen. Etwa ein Jahr später war der Zinssatz deutscher Staatsanleihen in etwa konstant (3,21 Prozent) geblieben, während griechische Anleihen einen immensen Anstieg auf 12,44 Prozent aufwiesen.[307] Die Schlussfolgerung lautet hier demzufolge, dass Einzelurteile der Ratingagenturen aufgrund der Heterogenität der EWU keinen direkten Einfluss ausüben können.

Der zweite Interpretationsansatz fußt auf der Prämisse, dass der Markt durch die Euro-Krise inzwischen in einem negativen Sog ist, in dem Ratingentscheidungen nur noch einen geringen Einfluss ausüben. Ein derartiger Effekt wird bspw. durch eine Studie der Universität St. Gallen nachgewiesen.[308] Diese Untersuchung befasste sich mit der Fragestellung, inwiefern Ratingagenturen als zentrale Treiber der Eurokrise gesehen werden können. Im Kern beinhaltet die Studienauswertung das Ergebnis, dass Ratingagenturen mit ihren Krediturteilen einen Zustand schaffen, in dem sich Prophezeiungen selbst erfüllen. Ab einem bestimmten Punkt werden Abwertungsspiralen in Gang gesetzt, die dann nur noch durch marktexogene politische Interventionen gestoppt werden können. In dieser Phase haben weitere Ratingentscheidungen nur noch marginalen Einfluss.[309] Im Detail geht die Studie theoriegeleitet davon aus, dass ein Markt mehrere Gleichgewichtszustände aufweisen kann.[310] Der "normale" Gleichgewichtszustand ist stabil und tritt im Bereich niedriger Zinsen und positiver, verhältnismäßiger bzw. unfehlerhafter Ratings auf. Hier besteht ein Gleichgewicht zwischen Zinsentwicklung und Ratingentscheidung.[311] Der instabile Gleichgewichtszustand hingegen tritt dann auf, wenn über einen längeren Zeitraum hinweg fehlerhafte Ratings (bzw. unverhältnismäßige

---

[306] Vgl. Eurostat (2012a), o.S.
[307] Vgl. Welfens, P. J. J. (2012), S. 23.
[308] Die Studie basiert auf einer Untersuchung von Ratings der Ratingagentur Fitch für 25 OECD-Länder [Vgl. Gärtner, M./Griesbach, B. (2012), S. 1.].
[309] Vgl. Gärtner, M./Griesbach, B. (2012), S. 21.
[310] Vgl. Gärtner, M./Griesbach, B. (2012), S. 4, zitiert nach Calvo (1988); Gärtner, M./Griesbach, B. (2012), S. 5, zitiert nach Carlson, M.A./Hale, G.B. (2005).
[311] Vgl. Gärtner, M./Griesbach, B. (2012), S. 8.

Herabstufungen) ausgesprochen werden; hier setzt sich dann eine Spirale aus "Self-Fulfilling-Prophecy"-Ratings und negativen Zinsentwicklungen in Gang.[312]

Interpretation 3, basiert auf der Prämisse, dass sich die Marktakteure bei ihrem Handeln in einem großen Ausmaß auf andere Informationen als die der Ratingurteile stützen. Dies scheint insbesondere plausibel, da Ratingentscheidungen in unregelmäßigen Abständen als auch nur mit geringer Frequenz (vgl. Kap. 3.1.3) getroffen werden.

Jahr	Ratingentscheidungen von			Summe aller Ratings	Handelstage im Jahr
	S&P	Moody's	Fitch		
2009	7	2	4	13	260
2010	6	6	6	18	260
2011	14	17	9	40	260
2012	14	7	9	30	241

Tabelle 12: Summe der Ratingentscheidungen der Ratingagenturen 2009 - 2012
Quelle: Eigene Darstellung in Anlehnung an Anlage 7, o.S.

So gab es 2009 bei 260 Handelstagen nur 13 Ratingentscheidungen, 2010 gab es 18 Ratingentscheidungen und ein Jahr später 40 Ratingentscheidungen.[313] Im Zeitraum 2012 gab es 30 Ratingentscheidungen bei jeweils 241 Handelstagen (bis Ende November gemessen).[314] Marktakteure müssen sich also in ihrer Entscheidung primär auf die Tagesereignisse stützen. Unter der Prämisse transparenter Märkte ist der geschilderte Zusammenhang auch deswegen plausibel, weil alle für die Entwicklung des Euro-Kurses relevanten Akteure denselben Informationsstand haben, wie die Ratingagenturen (vgl. dazu auch Kap. 2.3.4). Demzufolge stellen Ratings eine Zusammenfassung der Marktereignisse da, welche bspw. zur Bestätigung der getroffenen Entscheidung des Marktakteurs herangezogen werden können.

---

[312] Vgl. Gärtner, M./Griesbach, B. (2012), S. 14.
[313] Vgl. Anlage 7, o.S.
[314] Vgl. Standard & Poor's (2012b), S. 6ff; Fitch Ratings (2012b), o.S.; Fitch Ratings (2012c), o.S.; Fitch Ratings (2012d), o.S.; Fitch Ratings (2012e), o.S.; Moody's (2012a), o.S.; Moody's (2012b), o.S.; Moody's (2012c), o.S.; Boerse.de (2012a), o.S.; Boerse.de (2012b), o.S.; Boerse.de (2012c), o.S.; Boerse.de (2012d), o.S.; Boerse.de (2012e), o.S.; Boerse.de (2012f), o.S.; Boerse.de (2012g), o.S.; Boerse.de (2012h), o.S.; Boerse.de (2012i), o.S.; Boerse.de (2012k), o.S.; Boerse.de (2012l), o.S.; Boerse.de (2012m), o.S.; Boerse.de (2012n), o.S.

3.4 Kritische Würdigung

Kapitel 3 umfasste die statistische Analyse der gestellten Forschungsfrage, ob amerikanische Ratingagenturen einen Einfluss auf die Krise der EWU (im gemessenen Zeitraum) ausgeübt haben. Hierfür wurde zunächst ein Überblick über die historische Entwicklung der Krise gegeben (Kap. 3.1) und die erarbeiteten Werte dann für die statistische Analyse genutzt (Kap. 3.2).

Dabei zeigte sich, dass mit zunehmendem Krisenverlauf die Anzahl und damit auch Frequenz der Ratings anstieg (vgl. Kap. 3.1.3). Waren es zu Beginn der Euro-Krise im Jahr 2009 noch 13 Ratingentscheidungen, stieg die Zahl 2011 auf 40 Ratings an.[315] Diese Entwicklung ist Indikator für den Vorwurf, dass Ratingagenturen der Krise eher hinterher laufen, statt sie zu forcieren.[316] Bereits zur Krise rund um die Subprime-Kredite wurde den Ratingagenturen die verspätete Herabsetzung von Bonitäten vorgeworfen (vgl. Kap. 1.2).[317] Der Vorwurf wird gleichfalls durch die Tatsache unterstützt, dass Griechenland innerhalb von drei Jahren seine jahrelang bestehende Top-Bonität verlor, obgleich die Zahlen bspw. zum gesamtstaatlichen Defizit und zur Bruttoverschuldung auch schon damals eine alarmierende Entwicklung nahmen.[318]

In Kapitel 3.1.3 wurde für das Jahr 2012 aufgezeigt, dass Ratingentscheidungen durchaus zu einer heftigen Reaktion am Markt führen können. Jedoch kann der Markt solche Ratings inzwischen schneller verdauen, weshalb der Differenzwert des Euro-Kurses, obgleich im Tagesverlauf um 2 Prozent gesunken, zum Vortag in diesem Fall auch nur -1,17 Prozent betrug.[319] Eine Begründung für dieses Verhalten bietet zum einen der zweite Interpretationsansatz aus Kapitel 3.3. Weiterhin besteht jedoch auch inzwischen eine gesteigerte Gelassenheit auf den Märkten. Der Verlust von Top-Bonitätsnoten könne zwar zu kurzfristigen Irritationen auf den Märkten führen, da jedoch auch Staaten wie bspw. die USA oder Japan keine Spitzenbonität mehr aufweisen, werden solche Ratings in Summe eher gelassener aufgenommen.[320]

---

[315] Vgl. Anlage 7, o.S.
[316] Vgl. Boerse ARD (2012), o.S.
[317] Vgl. Kofner, S. (2009), S. 61; Hartmann-Wendels, T. (2011), S. 26.
[318] Vgl. Eurostat (2012a), o.S.; Eurostat (2012b), o.S.
[319] Vgl. Standard & Poor's (2012b), S. 6ff; Fitch Ratings (2012b), o.S.; Fitch Ratings (2012c), o.S.; Fitch Ratings (2012d), o.S.; Fitch Ratings (2012e), o.S.; Moody's (2012a), o.S.; Moody's (2012b), o.S.; Moody's (2012c), o.S.; Boerse.de (2012a), o.S.; Boerse.de (2012b), o.S.; Boerse.de (2012c), o.S.; Boerse.de (2012d), o.S.; Boerse.de (2012e), o.S.; Boerse.de (2012f), o.S.; Boerse.de (2012g), o.S.; Boerse.de (2012h), o.S.; Boerse.de (2012i), o.S.; Boerse.de (2012k), o.S.; Boerse.de (2012l), o.S.; Boerse.de (2012m), o.S.; Boerse.de (2012n), o.S.
[320] Vgl. Wirtschaftsblatt (2012), o.S.

Für weitere Arbeiten, die eine fortgeführte Analyse, der in dieser Arbeit untersuchten Forschungsfrage anstreben, bietet es sich an, einen Vergleichszeitraum vor Beginn der Euro Krise für eine statistische Analyse heranzuziehen. Hierbei könnte ermittelt werden, ob sich der Determinationskoeffizient η^2 im Vergleich zum Krisenzeitraum grundlegend unterscheidet. Weiterhin kann bspw. eine Untersuchung angestrebt werden, die sich unabhängig von der Euro-Kurs-Entwicklung gestaltet und andere Parameter für eine statistische Analyse heran zieht.

4. Fazit und Ausblick

Angestrebtes Ziel dieser Arbeit war, die gestellte Forschungsfrage, ob Ratings Einfluss auf die Krise der EWU nehmen (vgl. Kap. 1.2), zu untersuchen. Dafür wurde im Rahmen eines statistischen Erhebungsverfahrens geprüft, ob es zwischen Ratingentscheidungen (als unabhängige Variable) und dem Verlauf des Euro-Kurses (als abhängige Variable), dessen fallender Verlauf als Ausdruck der Krise anzusehen ist, ein statistischer Zusammenhang besteht (vgl. Kap. 3.2.2).

Die Ergebnisse aus Kap. 3.2.2 zeigen, dass kein direkter Einfluss von Ratingentscheidungen auf die Krise der EWU, gemessen am Verlauf des Euro-Kurses, besteht. Die hier ermittelte Größe bewegt sich in der kleinsten Ergebnisgruppe (vgl. Kap. 3.2.1) und sagt damit aus, dass kein direkter Gesamteffekt vorliegt. Demzufolge überragen andere Faktoren in ihrem Einfluss. Hier kann das Kapitel 2.1.4.3 herangezogen werden, welches eine Übersicht über Teilnehmer am Devisenmarkt und ihre Intentionen gibt. Das Handeln der Marktteilnehmer ist ein Einflussfaktor auf Schwankungen am Devisenmarkt.[321] Das dieser Einfluss nicht unerheblich ist, zeigt sich daran, dass im Verlauf der Krise bspw. auch Manager von Hedgefonds mit Währungsbezug für den Absturz des Euro mit verantwortlich gemacht wurden.[322]

Obgleich jedoch kein direkter Einfluss ermittelt werden konnte, führte diese Arbeit auf (vgl. Kap. 2.2.4.3), dass Ratings zumindest Einfluss auf die Bedingungen ausüben, zu welchen sich die Mitgliedsstaaten der EWU sich finanzieren. Die Problematiken in diesem Zusammenhang (zu hohe Zinsen) waren u.a. auch ein krisenverschärfender Faktor (vgl. Kap. 3.1.2). Hieraus lässt sich ableiten, dass zumindest ein indirekter Zusammenhang zwischen der Eskalation der Euro-Krise und den Ratingentscheidungen besteht.

Die anhaltende Kritik an Konstruktion, Struktur und Wirkung der Ratingagenturen wurde auch in Kapitel 2.2.4.2 indirekt aufgegriffen. Das Kapitel beschäftigte sich dazu mit der Finanzierungs- und Investorenstruktur der amerikanischen Ratingagenturen und zeigte auf, dass das genutzte Bezahlmodell der Agenturen potentielle Interessenkonflikte im Rahmen möglicher Gefälligkeitsratings bietet. Denn die Agenturen werden von jenen Institutionen (vgl. 2.3.2) bezahlt, für welche sie ein Rating anfertigen. Weiterhin wurde aufgezeigt, dass die Eigentümerstruktur der Ratingagenturen S&P und Moody's in weiten Teilen identisch ist. Der

---

[321] Vgl. Metz, D. (2006), S. 21.
[322] Vgl. Hawranek, D. et al. (2011), S. 60.

Vorwurf, dass die Agenturen in ihren Entscheidungen von Profitinteressen geleitet werden, hat somit in erster Instanz bestand.

Mit der einhergehenden Kritik an der Arbeit der Ratingagenturen strebte die EU seit Beginn der Krise eine deutlichere Regulierung an. Kap. 2.2.2 zeigte daher auf, welche aktuellen Regulierungsmaßnahmen die EU anstrebt, um den Einfluss der Ratingagenturen zu begrenzen. Dabei zeigte sich, dass die Regulierung der Ratingagenturen lange Zeit verschlafen wurde. Die nun initiierten Regulierungsmaßnahmen kommen jedoch auch der Idee einer intensiveren Regulierung von amerikanischen Ratingagenturen nicht in vollem Umfang nach. So deckt sie zwar relevante Parameter, welche in der Vergangenheit häufig Anlass zur Kritik boten (wie bspw. Transparenz des Ratingprozesses) ab, verliert jedoch deutlich an Kraft durch abgeschwächte Regulierungsmaßnahmen (vgl. Kap. 2.4). Es ist daher anzunehmen, dass die initiierte Regulierung auch zukünftig durch weitere Regulierungsmaßnahmen ergänzt werden muss. Die EU hat sich bereits vorgenommen 2016 zu überprüfen, inwiefern aktuelle Regulierungen angepasst werden müssen (vgl. Kap. 2.2.2).[323]

Auch die Idee, den amerikanischen Ratingagenturen eine europäische Ratingagentur gegenüber zu stellen scheint vorerst nicht umsetzbar. Dabei bot der Gedanke an ein starkes europäisches Gegenstück zu den amerikanischen Agenturen durchaus Vorteile. Der Grundgedanke war eine Agentur zu schaffen, die in ihrem Aufbau und ihrer Arbeitsweise so konzipiert war, dass sie keinen Anlass für Kritik, wie bei den amerikanischen Ratingagenturen, bot. Sie sollte transparent, unabhängig, verantwortungsvoll und v.a. frei von (Profit-)Interessen sein.[324] Dafür sollte die Agentur auf einem Stiftungsmodell basieren und es sollte zum Subsciber-Pay Modell (vgl. Kap. 2.2.4.2) zurück gekehrt werden.[325] Wie sich jedoch zeigte lässt sich ein solcher Non-Profit-Ansatz, wie bei einer Stiftung, nicht im Rahmen dieser Idee umsetzen, womit das ehrgeizigste Ziel, Abkehr von der Abhängigkeit zu Profitinteressen, bereits in Gefahr ist. So scheint die von Roland Berger getrieben Idee der europäischen Ratingagenturen nicht umsetzbar zu sein. Um die Möglichkeit eines europäischen Gegengewichts zu amerikanischen Größen jedoch nicht ganz aufgeben zu müssen, verständigten sich das EU-Parlament und die Regierungen Ende 2012 darauf zu prüfen, inwieweit die Unterstützung einer privaten oder öffentlichen Ratingstiftung angemessen ist.[326]

---

[323] Vgl. Europa (2012d), o.S.
[324] Vgl. Financial Times Deutschland (2012c), o.S.
[325] Vgl. Dohms, H.-R./Schrörs, M. (2012), S. 17.
[326] Vgl. Dohms, H.-R./Schrörs, M. (2012), S. 17.

Das bis noch vor kurzem geförderte oligopolistische Marktgefüge (vgl. Kap. 2.2.3), welches durch die europäische Ratingagentur aufgebrochen werden sollte, zeigt allerdings erste Ansätze in einigen Teilen bereits ohne europäisches Handeln aufzubrechen. So sank der Marktanteil von Standard & Poor's im Bereich der Commercial Mortage-Backed Securities (CMBS)[327] 2011 von 43 auf 26 Prozent.[328] Gleichzeitig strebt die chinesische Ratingagentur Dagong die weltweite Expansion an und wildert dafür im Kundenkreis der amerikanischen Ratingagenturen.[329] Es ist jedoch beinahe sicher, dass diese Entwicklungen in naher Zukunft noch keine Auswirkungen auf das Oligopol der Ratingagenturen haben werden.[330]

Dass vor allem andere Faktoren als Ratings ursächlich Einfluss auf die Krise der EWU nehmen führt zu der Hypothese, dass die Kritik an den Ratingagenturen politisch gesteuert ist. Mit Beanstandungen zu fehlender Transparenz der Ratingverfahren (vgl. Kap. 2.3.5) richtet die Politik das Augenmerk auf die Ratingagenturen um abzulenken von weiteren Faktoren, wie bspw. den Konstruktionsfehlern der EWU. Dem EU-Beitritt vorangestellte Kriterien (vgl. Kap. 2.1.3) wurden durch einige Staaten massiv verletzt, so dass sich die Währungsunion entgegen aller Beteuerung und Ziele zu einer Schuldengemeinschaft entwickelt hat.[331] Gleichwohl stellt sich die Frage, wenn die Regierungen den Ratingagenturen ein marktmanipulierenden Verhalten vorwerfen, warum dann kein Verfahren basierend auf einen Verstoß gegen die Richtlinie 2003/6/EC (vgl. Kap. 2.3.3) eingeleitet wird.

Das von den Gründervätern angestrebte Ziel mit dem Euro ein Gegengewicht zu den Weltwährungen Dollar und Yen zu schaffen (Kap. 2.1.2) bleibt in Gefahr, da der Euro durch und während der Krise deutlich an Stärke verloren hat (vgl. Kap. 3.2.2).[332] Es bleibt das abschließende Fazit, dass das Kontrollsystem, ausgedrückt in den Konvergenzkriterien der EWU (vgl. Kap. 2.1.3) nicht ausreichend gewürdigt wurde. Wäre es mit der Intention der Gründerväter durchgesetzt wurden, so wären einige Staaten nicht in die Europäische Union aufgenommen worden. Wenn sich also damals und heute alle Regierungen an den Geist des EWU-Vertrages gehalten hätten, könnten die Ratingagenturen bei gesunden Staatsfinanzen keinen negativen Einfluss ausüben. Oder wie einst in einem Interview gesagt wurde: „Wenn Sie Fieber haben, wer ist dann schuld daran: Das Thermometer oder die Krankheit?"[333]

---

[327] CMBS sind bspw. durch Gewerbeimmobilien unterlegte Hypothekenanleihen [vgl. Dohms, H.-R. (2012c), S. 15].
[328] Vgl. Dohms, H.-R. (2012c), S. 15.
[329] Vgl. Dohms, H.-R./Schreiber, M. (2012), S. 16.
[330] Vgl. Dohms, H.-R. (2012c), S. 15.
[331] Vgl. Balzli, B. et al. (2010b), S. 70.
[332] Vgl. Screpanti, E. (2011), S. 210.
[333] Machatschke, M. et al. (2011), S. 102.

Anlagen

Anlage 1: Beispielhafter Ratingprozess der Agentur Moody's[334]

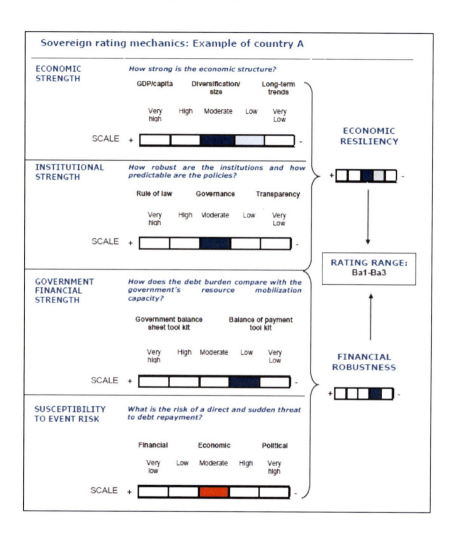

---

[334] Vgl. Moody's (2008), S. 3.

Anlage 2: Schlüsselvariablen im Rahmen des Ratingermittlungsverfahrens der Agentur Fitch[335]

Variable	Derivation and description
Macroeconomic	
Consumer price inflation	3 year average (centred on current year) of annual change in consumer price index (CPI). The forecast at time t rather than the actual outturn is used, signified by 'HF'.
Real GDP growth	3 year average (centred on current year) of annual change in real GDP. The forecast at time t rather than the actual outturn is used, signified by 'HF'.
Real GDP growth volatility	Natural log of the trailing 10 year standard deviation of average annual change in real GDP.
Public finances (general government)	
Budget balance	3 year average (centred on current year) of general government (budget) balance (GGB) as a percent of GDP. The forecast at time t rather than the actual outturn is used, signified by 'HF'.
Gross debt	3 year average (centred on current year) of gross (general) government debt (GGD) as a percent of GDP. The forecast at time t rather than the actual outturn is used, signified by 'HF'. This indicator is split into two different model input variables - one for sovereigns assigned reserve currency status 1, 2 or 3; & one for sovereigns assigned reserve currency status 0.
Interest payments	3 year average (centred on current year) of gross government interest payments (GGI) as a share of general government revenues (REV).
Public foreign currency debt	3 year average (centred on current year) of public foreign currency denominated (and indexed) debt (PFCD) as a share of gross (general) government debt (GGD).
External finances	
Commodity dependence	Non-manufactured merchandise exports as a share of current account receipts (CXR).
Current account balance plus net foreign direct investment	3 year average (centred on current year) of current account balance (CAB) plus net foreign direct investment (FDI) as a percent of GDP.
Gross sovereign external debt	3 year average (centred on current year) of gross sovereign external debt (GPXD) as a share of gross external debt (GXD).
External interest service	3 year average (centred on current year) of external interest service expressed as a share of current external receipts (CXR).
Official international reserves	Year-end stock of international reserves (including gold) expressed as months' cover of import payments (CXP).
Structural	
Money supply	Natural log of broad money relative to GDP.
GDP per capita	Percentile rank of GDP per capita in US dollars at market exchange rates.
Composite governance indicator	Average percentile rank of World Bank governance indicators: 'Rule of Law'; 'Government Effectiveness'; 'Control of Corruption'; 'Voice & Accountability'.
Reserve currency status	Reserve currency status: 3 = 'strong'; 2 = 'medium'; 1 = 'low'; 0 = none.
Years since default	Non-linear function of the time since the last default (since 1980); the indicator is zero if there has been no default. For each year that elapses, the impact on the model output declines.

Note: For expanded definitions of Sovereign indicators, please refer to the 'Definitions and Sources' section of Fitch's Sovereign Data Comparator
Source: Fitch

---

[335] Vgl. Fitch Ratings (2012g), S. 18.

Anlage 3: Statistische Aufarbeitung der Bonitätsnoten

S&P	Moody's	Fitch	Übertragung Symbolik
AAA	Aaa	AAA	1
AA+	Aa1	AA+	2
AA	Aa2	AA	3
AA-	Aa3	AA-	4
A+	A1	A+	5
A	A2	A	6
A-	A3	A-	7
BBB+	Baa1	BBB+	8
BBB	Baa2	BBB	9
BBB-	Baa3	BBB-	10
BB+	Ba1	BB+	11
BB	Ba2	BB	12
BB-	Ba3	BB-	13
B+	B1	B+	14
B	B2	B	15
B-	B3	B-	16
CCC+	Caa1	CCC	17
CCC	Caa2	CC	18
CCC-	Caa3	C	19
CC	Ca	D	20
SD	C		21
D			22

Anlage 4: Euro-Kursentwicklung im Zeitraum 2009 - 2012[336]

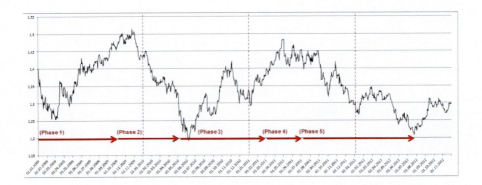

[336] Vgl. Eigene Anfertigung in Anlehnung an Standard & Poor's (2012b), S. 6ff; Fitch Ratings (2009a), o.S.;
Fitch Ratings (2009b), o.S.; Fitch Ratings (2009c), o.S.; Moody's (2009a), o.S.; Moody's (2009b), o.S.;
Moody's (2009c), o.S.; Moody's (2009d), o.S.; Boerse.de (2009a), o.S.; Boerse.de (2009b), o.S.; Boerse.de
(2009c), o.S.; Boerse.de (2009d), o.S.; Boerse.de (2009e), o.S.; Boerse.de (2009f), o.S.; Boerse.de (2009g), o.S.;
Boerse.de (2009h), o.S.; Boerse.de (2009i), o.S.; Boerse.de (2009k), o.S.; Boerse.de (2009l), o.S.; Boerse.de
(2009m), o.S.; Boerse.de (2009n), o.S.; Boerse.de (2009o), o.S.; Standard & Poor's (2012b), S. 6ff; Fitch
Ratings (2010a), o.S.; Fitch Ratings (2010b), o.S.; Fitch Ratings (2010c), o.S.; Fitch Ratings (2010d), o.S.;
Moody's (2010a), o.S.; Moody's (2010b), o.S.; Moody's (2010c), o.S.; Moody's (2010d), o.S.; Boerse.de
(2010a), o.S.; Boerse.de (2010b), o.S.; Boerse.de (2010c), o.S.; Boerse.de (2010d), o.S.; Boerse.de (2010e), o.S.;
Boerse.de (2010f), o.S.; Boerse.de (2010g), o.S.; Boerse.de (2010h), o.S.; Boerse.de (2010i), o.S.; Boerse.de
(2010k), o.S.; Boerse.de (2010l), o.S.; Boerse.de (2010m), o.S.; Boerse.de (2010n), o.S.; Boerse.de (2010o),
o.S., Standard & Poor's (2012b), S. 6ff; Fitch Ratings (2011a), o.S.; Fitch Ratings (2011b), o.S.; Fitch Ratings
(2011c), o.S.; Fitch Ratings (2011d), o.S.; Moody's (2011a), o.S.; Moody's (2011b), o.S.; Moody's (2011c),
o.S.; Moody's (2011d), o.S.; Moody's (2011e), o.S.; Boerse.de (2011a), o.S.; Boerse.de (2011b), o.S.; Boerse.de
(2011c), o.S.; Boerse.de (2011d), o.S.; Boerse.de (2011e), o.S.; Boerse.de (2011f), o.S.; Boerse.de (2011g), o.S.;
Boerse.de (2011h), o.S.; Boerse.de (2011i), o.S.; Boerse.de (2011k), o.S.; Boerse.de (2011m), o.S.; Boerse.de
(2011n), o.S.; Boerse.de (2011o), o.S.; Boerse.de (2011p), o.S.; Standard & Poor's (2012b), S. 6ff; Fitch Ratings
(2012b), o.S.; Fitch Ratings (2012c), o.S.; Fitch Ratings (2012d), o.S.; Fitch Ratings (2012e), o.S.; Moody's
(2012a), o.S.; Moody's (2012b), o.S.; Moody's (2012c), o.S.; Boerse.de (2012a), o.S.; Boerse.de (2012b), o.S.;
Boerse.de (2012c), o.S.; Boerse.de (2012d), o.S.; Boerse.de (2012e), o.S.; Boerse.de (2012f), o.S.; Boerse.de
(2012g), o.S.; Boerse.de (2012h), o.S.; Boerse.de (2012i), o.S.; Boerse.de (2012k), o.S.; Boerse.de (2012l), o.S.;
Boerse.de (2012m), o.S.; Boerse.de (2012n), o.S.

Anlage 5: Ergebnisse statistische Auswertung des Einflusses von Ratingentscheidungen auf den Euro-Kurs

Mittelwerte

Verarbeitete Fälle

	Fälle					
	Eingeschlossen		Ausgeschlossen		Insgesamt	
	N	Prozent	N	Prozent	N	Prozent
Delta * bewegung	1030	100,0%	0	,0%	1030	100,0%

Bericht

Delta

bewegung	Mittelwert	N	Standardab-weichung
-1,0	-0,19%	97	,0076821
,0	0,00%	929	,0069847
1,0	0,32%	4	,0101643
Insgesamt	-0,01%	1030	,0070837

ANOVA-Tabelle

		Quadrat-summe	df	Mittel der Quadrate	F	Signifikanz
Delta * bewegung	Zwischen den Gruppen (Kombiniert)	,000	2	,000	3,865	,021
	Innerhalb der Gruppen	,051	1027	,000		
	Insgesamt	,052	1029			

Zusammenhangsmaße

	Eta	Eta-Quadrat
Delta * bewegung	,086	,007

Anlage 6: Ratingentscheidungen und ihre Frequenz 2009 - 2012[337]

Ratingentscheidungen

	S&P	Moody's	Fitch	Summe	Aufwertungen	Abwertungen	Handelstage	%-Veränderung ggü. Vorjahr
2009	7	2	4	13	0	13	260	
2010	6	6	6	18	1	17	260	38%
2011	14	17	9	40	1	39	260	122%
2012	14	7	9	30	2	28	241	-25%

Frequenz der Ratingentscheidungen

	S&P	Moody's	Fitch	Arbeitstage	Frequenz total
2009	0,03	0,01	0,02	260	0,05
2010	0,02	0,02	0,02	260	0,07
2011	0,05	0,07	0,03	260	0,15
2012	0,06	0,03	0,03	241	0,12

[337] Vgl. Standard & Poor's (2012b), S. 6ff; Fitch Ratings (2009a), o.S.; Fitch Ratings (2009b), o.S.; Fitch Ratings (2009c), o.S.; Moody's (2009a), o.S.; Moody's (2009b), o.S.; Moody's (2009c), o.S.; Moody's (2009d), o.S.; Boerse.de (2009a), o.S.; Boerse.de (2009b), o.S.; Boerse.de (2009c), o.S.; Boerse.de (2009d), o.S.; Boerse.de (2009e), o.S.; Boerse.de (2009f), o.S.; Boerse.de (2009g), o.S.; Boerse.de (2009h), o.S.; Boerse.de (2009i), o.S.; Boerse.de (2009k), o.S.; Boerse.de (2009l), o.S.; Boerse.de (2009m), o.S.; Boerse.de (2009n), o.S.; Boerse.de (2009o), o.S.; Standard & Poor's (2012b), S. 6ff; Fitch Ratings (2010a), o.S.; Fitch Ratings (2010b), o.S.; Fitch Ratings (2010c), o.S.; Fitch Ratings (2010d), o.S.; Moody's (2010a), o.S.; Moody's (2010b), o.S.; Moody's (2010c), o.S.; Moody's (2010d), o.S.; Boerse.de (2010a), o.S.; Boerse.de (2010b), o.S.; Boerse.de (2010c), o.S.; Boerse.de (2010d), o.S.; Boerse.de (2010e), o.S.; Boerse.de (2010f), o.S.; Boerse.de (2010g), o.S.; Boerse.de (2010h), o.S.; Boerse.de (2010i), o.S.; Boerse.de (2010k), o.S.; Boerse.de (2010l), o.S.; Boerse.de (2010m), o.S.; Boerse.de (2010n), o.S.; Boerse.de (2010o), o.S.; Standard & Poor's (2012b), S. 6ff; Fitch Ratings (2011a), o.S.; Fitch Ratings (2011b), o.S.; Fitch Ratings (2011c), o.S.; Fitch Ratings (2011d), o.S.; Moody's (2011a), o.S.; Moody's (2011b), o.S.; Moody's (2011c), o.S.; Moody's (2011d), o.S.; Moody's (2011e), o.S.; Boerse.de (2011a), o.S.; Boerse.de (2011b), o.S.; Boerse.de (2011c), o.S.; Boerse.de (2011d), o.S.; Boerse.de (2011e), o.S.; Boerse.de (2011f), o.S.; Boerse.de (2011g), o.S.; Boerse.de (2011h), o.S.; Boerse.de (2011i), o.S.; Boerse.de (2011k), o.S.; Boerse.de (2011m), o.S.; Boerse.de (2011n), o.S.; Boerse.de (2011o), o.S.; Boerse.de (2011p), o.S.; Standard & Poor's (2012b), S. 6ff; Fitch Ratings (2012b), o.S.; Fitch Ratings (2012c), o.S.; Fitch Ratings (2012d), o.S.; Fitch Ratings (2012e), o.S.; Moody's (2012a), o.S.; Moody's (2012b), o.S.; Moody's (2012c), o.S.; Boerse.de (2012a), o.S.; Boerse.de (2012b), o.S.; Boerse.de (2012c), o.S.; Boerse.de (2012d), o.S.; Boerse.de (2012e), o.S.; Boerse.de (2012f), o.S.; Boerse.de (2012g), o.S.; Boerse.de (2012h), o.S.; Boerse.de (2012i), o.S.; Boerse.de (2012k), o.S.; Boerse.de (2012l), o.S.; Boerse.de (2012m), o.S.; Boerse.de (2012n), o.S.

Literaturverzeichnis

Monographien

Apholte, A./Friedrich, K./Kayser, J./Köhler, P./von Köppen-Mertes, I./Schneider, R./Unterberg, A. (1996): Die Währungsunion – Chance für Europa, Frankfurt a. Main 1996

Benesch, T. (2013): Schlüsselkonzepte zur Statistik, Berlin, Heidelberg 2013

Bittern, J. (2011): So nicht, Europa! Die drei grossen Fehler der EU, 2. Aufl., München 2011

Blanchard, O. (2003): Macroeconomics, 3. Aufl., New Jersey 2003

Brunner, S./Kehrle, K. (2012): Volkswirtschaftslehre, 2. Aufl., München 2012

Brunetti, A. (2011): Wirtschaftskrise ohne Ende? US Immobilienkrise, Globale Finanzkrise, Europäische Schuldenkrise, 2. Aufl., Bern 2011

Bünning, L. (1997): Die Konvergenzkriterien des Maastricht-Vertrages unter besonderer Berücksichtigung ihrer Konsistenz, Bd. 1, Frankfurt a. Main 1997

Cuthbertson, K./Nitzsche, D. (2005): Quantitative Financial Economics, 2. Aufl., Chichester 2005

Eckert, D. D. (2012): Weltkrieg der Währungen, 5. Aufl., München 2012

Eckstein, P. P. (2006): Angewandte Statistik mit SPSS, 5. Aufl., Wiesbaden 2006

Ehlers, U. (2010): Grundlagen der Volkswirtschaftslehre, Wirtschaftpolitik und Staatsökonomie für Wirtschafts-, Sozial- und Verwaltungswissenschaftler, Aachen 2010

Eisen, M. (2007): Haftung und Regulierung internationaler Ratingagenturen, Frankfurt a. Main 2007

Fontaine, P. (2011): Europa in 12 Lektionen, Brüssel 2010

Georgii, H.-O. (2009): Stochastik: Einführung in die Wahrscheinlichkeitstheorie und Statistik, 4. Aufl., Berlin 2009

Harris, L. (2003): Trading and Exchanges. Market Microstructure for Practitioners, Oxford 2003

Hauser, M./Warns, C. (2008): Grundlagen der Finanzierung, 4. Aufl., Heidenau 2008

Hirschburger, U./Zahorka, H.-J. (1996): Der Euro. So reagieren Unternehmen und Verbraucher auf die Europäische Währungsunion, 2. Aufl., Sindelfingen 1996

Hiß, S./Nagel, S. (2012): Ratingagenturen zwischen Krise und Regulierung, Baden-Baden 2012

Institut Finanzen und Steuern e.V. (1993): Konvergenzkriterien einer Europäischen Währungsunion: Zur Logik der Bestimmungen von Maastricht, Nr. 317, Bonn 1993

International Monetary Fund (2010): Global Financial Stability Report – October 2010, Washington D.C. 2010

Kletti, J. (2006): MES Manufacturing Executive System, Berlin u.a. 2006

Kofner. S. (2009): Die Hypotheken- und Finanzmarktkrise, Frankfurt a. Main 2009

Langohr, H./Langohr, P. (2008): The rating agencies and their credit ratings, Chichester 2008

May, H. (2006): Wirtschaftsbürger-Taschenbuch. Wirtschaftliches und rechtliches Grundwissen, 7. Aufl., München, Wien 2006

Metz, D. (2006): Devisenhandel, München 2006

Meyers, L. S./Gamst, G./Guarino, A. J. (2013): Applied Multivariate Research, 2. Aufl., Los Angeles, London u.a. 2013

Mittag, H.-J. (2012): Statistik: Eine interaktive Einführung, 2. Aufl., Berlin, Heidelberg 2012

Moeller, W. (2011): Die Euro-Krise, Norderstedt 2011

Mussel, G./Pätzold, J. (2012): Grundfragen der Wirtschaftspolitik, 8. Aufl., München 2012

Piwald, W. (2005): Ratingagenturen – Arbeitsweise, Rechtslage, Entwicklung, Saarbrücken 2005

Poser, A. M. (1998): Europäische Währungsunion, 3. Aufl., Stuttgart 1998

Prager, C. (2012): Ratingagenturen – Funktionsweise eines neuen politischen Herrschaftsinstruments, Wien 2012

Rosenbaum, J. (2009): Der politische Einfluss von Rating-Agenturen, Diss., Wiesbaden 2009

Rügemer, W. (2012): Ratingagenturen. Einblicke in die Kapitalmacht der Gegenwart, Bielefeld 2012

Scheck, H./Scheck, B. (2007): Wirtschaftliches Grundwissen für Naturwissenschaftler und Ingenieure, 2. Aufl., Weinheim 2007

Schröder, G. W./Arndt, H.-P. (1998): Euro, Anlagestrategien, Zukunftsvorsorge, Der Euro im Alltag, Chancen und Risiken, Stuttgart 1998

Sibbertsen, S./Lehne, H. (2012): Statistik, Berlin, Heidelberg 2012

Sinclair, T. J. (2005): The New Masters Of Capital: American Bond Rating Agencies And The Politics Of Creditworthiness, Ithaca, London 2005

Sperber, H. (2012): Wirtschaft verstehen, 4. Aufl., Stuttgart 2012

Stocker, F. (2001): Der Euro, 2. Aufl., München, Wien 2001

Volk, T. (2008): Interne Ratings im Firmenkundengeschäft einschließlich der damit verbundenen Haftungsfrage, Diss., Berlin 2008

Weeber, J. (2011): Internationale Wirtschaft. Theorie, Empirie und Wirtschaftspolitik in der Globalisierung, 2. Aufl., München 2011

Welfens, P. J. J. (2012): Die Zukunft des Euro, Berlin 2012

Wildmann, L. (2007): Wirtschaftspolitik. Module der Volkswirtschaftslehre, Band III, München 2007

Sammelwerke

Archick, K./Mix, D. E. (2011): The European union: Questions and Answers, in: Werthers, P. B (Hrsg.), Europe: Financial Crisis and Security Issues, New York 2011, S. 179-187

Bellofiore, R./Garibaldo, F./Halevi, J. (2010): The Global Crisis and The Crisi of European Neomercantilism, in: Panitch, L./Albo, G./Chibber, V. (Hrsg.), The Crisis This Time, London, New York, Halifax 2010, S. 120-146

Bellofiore, R./Halevi, J. (2011): The great recession and the third crisis in economic theory, in: Brancaccio, E./Fontana, G. (Hrsg.), The Global Economic crisis, London, New York 2011, S. 42-58

Buber, R./Klein, V. (2009): Zur Bedeutung qualitativer Methodik in der Marktforschungspraxis, in: Buber, R./Holzmüller, H. H. (Hrsg.), Qualitative Marktforschung: Konzepte - Methoden – Analysen, 2 Aufl., Wiesbaden 2009, S. 47-64

Dimitrakopoulos, D./Spahr, R. (2003): Ablauf des Ratingverfahrens bei internationalen Ratingagenturen, in: Achleitner, A.-C./Everling, O. (Hrsg.), Rating Advisory, Wiesbaden 2003, S. 151-162

El-Agraa, A. (2011): A history of European integration and the evolution of the EU, in: El-Agraa, A. (Hrsg.), The European Union. Economics and Policies, 9 Aufl., Cambridge 2011, S. 19-37

Everling, O./Linh Trieu, M. (2007): Ratingagenturen weltweit, in: Büschgen, H. E./Everling, O. (Hrsg.), Handbuch Rating, 2. Aufl., Wiesbaden 2007, S. 95-118

Hasse, R./Starbatty, J. (1997): Überlegungen und Empfehlungen der Aktionsgemeinschaft Soziale Marktwirtschaft zur Währungsunion, in: Hasse, R./Starbatty, J. (Hrsg.), Wirtschafts- und Währungsunion auf dem Prüfstand, Bd. 1, Stuttgart 1997, S. 121-129

Hasse, R. (1999): Verknüpfung von politischer Union und WWU oder wieviel politische Union braucht eine WWU?, in: Hasse, R./ Schenk, K. E./Wass von Czege, A. (Hrsg.), Herausforderungen der Europäischen Währungsunion, Bd. 22, Baden-Baden 1996, S. 35-49

Holtham, G. (2000): Managing the Exchange Rate System, in: Michie, J./Grieve Smith, J. (Hrsg.), Managing the Global Economy, Oxford, New York 2000, S. 232-251

Holzkämper, H. (2007): Rating Advisory, in: Büschgen, H. E./Everling, O. (Hrsg.), Handbuch Rating, 2. Aufl., Wiesbaden 2007, S. 785 - 803

Kendall, D./Sankowski, M. (2009): The Nuts and Bolts of Trading Forex, in: Sether, L. (Hrsg.), Forex Trading: SFO Personal Investor Series, Cedar Falls 2009, S. 2-7

Kräussel, R. (2004): Sovereign Risk, Credit Ratings and the Recent Financial Crises in Emerging Markets, in: Frenkel, M./Karmann, A./Scholtens, B. (Hrsg.), Sovereign Risk and Financial Crisis, Berlin, Heidelberg, New York 2004, S. 89-111

Mayes, D./El-Agraa, A. (2011): The development of EU economic and monetary integration, in: El-Agraa, A. (Hrsg.), The European Union. Economics and Policies, 9 Aufl., Cambridge 2011, S. 163-181

Panić, M. (2000): The Bretton Woods-System: Concept and Practice, in: Michie, J./Grieve Smith, J. (Hrsg.), Managing the Global Economy, Oxford, New York 2000, S. 37-54.

Screpanti, E. (2011): Globalization and the great crisis, in: Branccaccio, E./Fontana, G. (Hrsg.), The Global Economic Crisis, London, New York 2011, S. 201-216

Serfling, K. (2007): Möglichkeiten und Grenzen des Credit Ratings, in: Büschgen, H. E./Everling, O. (Hrsg.), Handbuch Rating, 2. Aufl., Wiesbaden 2007, S. 709-746

Stirati, A. (2011): Changes in functional income distribution in Italy and Europe, in: Branccaccio, E./Fontana, G. (Hrsg.), The Global Economic Crisis, London, New York 2011, S. 121-143

Vercelli, A. (2011): Economy and Economics. The twin crises, in: Brancaccio, E./Fontana, G. (Hrsg.), The Global Economic crisis, London, New York 2011, S. 27-41

Zeitungen

Daum, R. (2012): Wann aus einem A Reklame wird, in: Financial Times Deutschland vom 25.09.2012, o.J., 2012, S. 22, Spalten 4-6

Dohms, H.-R. (2012a): Post verstößt Standard & Poor's, in: Financial Times Deutschland vom 22.11.2012, o.J., 2012, S. 1, Spalten 2-5

Dohms, H.-R. (2012b): Ratingagenturen umgarnen Städte, in: Financial Times Deutschland vom 16.10.2012, o.J., 2012, S. 15, Spalten 1-2

Dohms, H.-R. (2012c): S&P-Panne nagt am Rating-Oligopol, in: Financial Times Deutschland vom 07.03.2012, o.J., 2012, S. 15, Spalten 1-5

Dohms, H.-R./Bayer, T./Schrörs, M. (2012): Standard-Moody's-Kapitalismus, in: Financial Times Deutschland vom 18.01.2012, o.J., 2012, S. 19, Spalten 1-5

Dohms, H.-R./Kühnlenz, A./Goebbels, T. (2012): Absturz aus dem Nichts, in: Financial Times Deutschland vom 17,01,2012, o.J., 2012, S. 17, Spalten 1-3

Dohms, H.-R./Schreiber, M. (2012): Ein Rating von Herrn Xing, in: Financial Times Deutschland vom 23.07.2012, o.J., 2012, S. 16, Spalten 3-5

Dohms, H.-R./Schrörs, M. (2012): Mini-S&P statt Anti-S&P, in: Financial Times Deutschland vom 23.11.2012, o.J., 2012, S. 17, Spalten 1-4

Ehrlich, P. (2012): Doch keine Rotation bei Ratings, in: Financial Times Deutschland vom 02.04.2012, o.J., 2012, S. 15, Spalten 1-2

Financial Times Deutschland (2012a): Devisen, in: Financial Times Deutschland vom 16.01.2012, o.J., 2012, S. 19, ohne Spalte

Financial Times Deutschland (2012b): Ratingagenturen: Herr Moody hat Ruhe, in: Financial Times Deutschland vom 29.11.2012, o.J., 2012, S. 21, Spalten 5-6

Hagelüken, A. (2012): Schlechte Noten für die Oberlehrer, in: Süddeutsche Zeitung vom 07.11.2012, o.J., 2012, S. 4, Spalte 2-4

Kade, C./Pache, T./Klimm, L. (2012): Neuer Angriff auf Rating-Riesen, in: Financial Times Deutschland vom 16.01.2012, o. J., 2012, S. 1, Spalten 2-5

Kaeble, M./Ohanian, M./Rentzsch, F. (2012a): Kaum noch Wachstum in Europa, in: Financial Times Deutschland vom 15.08.2012, o.J., 2012, S. 14, Spalten 2-5

Kaeble, M./Beyerle, H. (2012b): Europa verpasst den Anschluss, in: Financial Times Deutschland vom 16.11.2012, o.J., 2012, S. 16, Spalten 2-5

Lorz, S. (2011): Im Teufelskreis der Ratingurteile, in: Börsen-Zeitung, o.J., 2011, Nr. 199, S. 7, ohne Spalte

Schrörs, M. (2012): Kleiner Klaps für Ratingagenturen, in: Financial Times Deutschland vom 29.11.2012, o.J., S. 14, Spalten 2-6

Zeitschriften

Balzli, B./Schiessl, M./Schulz, T. (2009): Trio Infernale, in: Der Spiegel, o.J., 2009, Nr. 47, S. 72-78

Balzli, B. (2010a): Unheimliche Macht, in: Der Spiegel, o.J., 2010, Nr. 23, S. 72-74

Balzli, B./Jung, A./Pauly, C./Reiermann, C./Reuter, W./Sauga, M./Schlamp, H.-J. (2010b): Kultur des Tricksens, in: Der Spiegel, o.J., 2010, Nr. 10, S. 66-77

Batzoglou, F./Ertel, M./Fichtner, U./Goos, H./Hoppe, R./Hüetlin, T./Mingels, G./Reiermann, C./Schnibben, C./Schult, C./Schulz, T./Smoltczyk, A. (2011): Eine Bombenidee, in: Der Spiegel, o.J., 2011, Nr. 39, S. 56-74

Busch, B./Matthes, J. (2012): Der Euro und die Schuldenkrise, in: Thema Wirtschaft, o.J., 2012, Nr. 130, S. 1-12

Darnstädt, T./Ertel, M./Mahler, A./Müller, P./Pauly, C./Reiermann, C./Sauga, M./Seith, A. (2011): Auf Gedeih und Verderb, in: Der Spiegel, o.J., 2011, Nr. 25, S. 38-46

Fleischhauer, J./Müller, P./Neukirch, R./Pauly, C./Reiermann, C./Sauga, M./Schlamp, H.-J./Schult, C./Seith, A. (2010): „Europa brennt", in Der Spiegel, o.J., 2010, Nr. 49, S. 18-27

Forschner, J. (2012): Die Haftung von Ratingagenturen, in: JSE – Jura, Studium & Examen, o.J., 2012, Ausgabe 1/2012, S. 5-20

Hartmann-Wendels, T. (2011): Funktionsweise und Machtpositionen von Ratingagenturen, in: Orientierungen zur Wirtschafts- und Gesellschaftspolitik, o.J., 2011, Nr. 03/2011, S. 26-31

Hawranek, D./Mahler, A./Pauly, C./Schiessl, M./Schulz, T. (2011): Märkte außer Kontrolle, in: Der Spiegel, o.J., 2011, Nr. 34, S. 60-68

Hesse, M./Kubjuweit, D./Mahler, A./Neubacher, A./Neukirch, R./Reiermann, C./von Rohr, M./Sauga, M./schult, C. (2011): Am Abgrund, in: Der Spiegel, o.J., 2011, Nr. 48, S. 62-74

Kullig, S./Bertram, H. (2011): Regulierung von Ratingagenturen – Zeit für neue Schwerpunkte?, in: Der Pfandbrief 2011/2012, 16. Ausg., 2011, S. 74-81

Machatschke, M./Papendick, U./Profumo, A. (2011): „Wir stehen am Scheideweg", in: Manager Magazin, 41. Jg., 2011, Nr. 9/11, S. 100-103

Müller, H. (2011): Vereinigte Staaten von Euro-Land, in: Manager Magazin, 41. Jg., 2011, Nr. 10/11, S. 82-93

Palan, D./Rickens, C. (2011): „Teil des Problems", in: Manager Magazin, 41. Jg., 2011, Nr. 9/11, S. 8-10

Schiessl, M. (2010): Wer kontrolliert die Kontrolleure?, in: Der Spiegel, o.J., 2010, Nr. 18, S. 66-67

Gesetze, Richtlinien, Verordnungen

AEUV (2008): Artikel 125. URL: http://www.aeuv.de/aeuv/dritter-teil/titel-viii/kapitel-1/art-125.html, Abruf am 01.01.2013

Eur-Lex (1992): Vertrag über die Europäische Union vom 29. Juli 1992, Amtsblatt Nr. C 191. URL: http://eur-lex.europa.eu/de/treaties/dat/11992M/htm/11992M.html#0001000001, Abruf am 11.11.2012

Eur-Lex (2003): Directive 2003/6/EC of the European Parliament and the Council on insider dealing and market manipulation (market abuse) of 28. Januar 2003. URL: http://eur-lex.europa.eu/LexUriServ/LexUriServ.do?uri=OJ:L:2003:096:0016:0016:en:PDF, Abruf am 29.12.2012

Eur-Lex (2006): Communication from the Commission on Credit Rating Agencies 2006/C 59/02 of 11.03.2006. URL: http://eur-lex.europa.eu/LexUriServ/LexUriServ.do?uri=OJ:C:2006:059:0002:0006:EN:PDF, Abruf am 29.12.2012

Eur-Lex (2009): Verordnung (EG) Nr. 1060/2009 des Europäischen Parlaments und des Rates vom 16. September 2009 über Ratingagenturen mit allen späteren Änderungen in der Fassung vom 17.11.2009. URL: http://eur-lex.europa.eu/LexUriServ/LexUriServ.do?uri=OJ:L:2009:302:0001:0031:DE:PDF, Abruf am 23.12.2012

Lexika

Gabler (2004a): Gabler Wirtschaftslexikon, Band E-J, 16. Aufl., Wiesbaden 2004

Gabler (2004b): Gabler Wirtschaftslexikon, Band I-K, 16. Aufl., Wiesbaden 2004

Woll, A. (2000): Wirtschaftslexikon, 9. Aufl., München, Wien 2000

Internetquellen

Boerse ARD (2012): Wie Ratingagenturen vorgehen. URL: http://boerse.ard.de/boerse-ard-de-erklaert/wie-ratingagenturen-vorgehen-100~print.html, Abruf am 29.01.2013

Boerse.de (2009a): Kurshistorie - EUR/USD (Euro / US-Dollar) tägliche Kurse. URL: http://www.boerse.de/historische-kurse/Euro-Dollar/EU0009652759_seite,52, Abruf am 04.12.2012

Boerse.de (2009b): Kurshistorie - EUR/USD (Euro / US-Dollar) tägliche Kurse. URL: http://www.boerse.de/historische-kurse/Euro-Dollar/EU0009652759_seite,51, Abruf am 04.12.2012

Boerse.de (2009c): Kurshistorie - EUR/USD (Euro / US-Dollar) tägliche Kurse. URL: http://www.boerse.de/historische-kurse/Euro-Dollar/EU0009652759_seite,50, Abruf am 04.12.2012

Boerse.de (2009d): Kurshistorie - EUR/USD (Euro / US-Dollar) tägliche Kurse. URL: http://www.boerse.de/historische-kurse/Euro-Dollar/EU0009652759_seite,49, Abruf am 04.12.2012

Boerse.de (2009e): Kurshistorie - EUR/USD (Euro / US-Dollar) tägliche Kurse. URL: http://www.boerse.de/historische-kurse/Euro-Dollar/EU0009652759_seite,48, Abruf am 04.12.2012

Boerse.de (2009f): Kurshistorie - EUR/USD (Euro / US-Dollar) tägliche Kurse. URL: http://www.boerse.de/historische-kurse/Euro-Dollar/EU0009652759_seite,47, Abruf am 04.12.2012

Boerse.de (2009g): Kurshistorie - EUR/USD (Euro / US-Dollar) tägliche Kurse. URL: http://www.boerse.de/historische-kurse/Euro-Dollar/EU0009652759_seite,46, Abruf am 04.12.2012

Boerse.de (2009h): Kurshistorie - EUR/USD (Euro / US-Dollar) tägliche Kurse. URL: http://www.boerse.de/historische-kurse/Euro-Dollar/EU0009652759_seite,45, Abruf am 04.12.2012

Boerse.de (2009i): Kurshistorie - EUR/USD (Euro / US-Dollar) tägliche Kurse. URL: http://www.boerse.de/historische-kurse/Euro-Dollar/EU0009652759_seite,44, Abruf am 04.12.2012

Boerse.de (2009k): Kurshistorie - EUR/USD (Euro / US-Dollar) tägliche Kurse. URL: http://www.boerse.de/historische-kurse/Euro-Dollar/EU0009652759_seite,43, Abruf am 04.12.2012

Boerse.de (2009l): Kurshistorie - EUR/USD (Euro / US-Dollar) tägliche Kurse. URL: http://www.boerse.de/historische-kurse/Euro-Dollar/EU0009652759_seite,42, Abruf am 04.12.2012

Boerse.de (2009m): Kurshistorie - EUR/USD (Euro / US-Dollar) tägliche Kurse. URL: http://www.boerse.de/historische-kurse/Euro-Dollar/EU0009652759_seite,41, Abruf am 04.12.2012

Boerse.de (2009n): Kurshistorie - EUR/USD (Euro / US-Dollar) tägliche Kurse. URL: http://www.boerse.de/historische-kurse/Euro-Dollar/EU0009652759_seite,40, Abruf am 04.12.2012

Boerse.de (2009o): Kurshistorie - EUR/USD (Euro / US-Dollar) tägliche Kurse. URL: http://www.boerse.de/historische-kurse/Euro-Dollar/EU0009652759_seite,39, Abruf am 04.12.2012

Boerse.de (2010a): Kurshistorie - EUR/USD (Euro / US-Dollar) tägliche Kurse. URL: http://www.boerse.de/historische-kurse/Euro-Dollar/EU0009652759_seite,39, Abruf am 04.12.2012

Boerse.de (2010b): Kurshistorie - EUR/USD (Euro / US-Dollar) tägliche Kurse. URL: http://www.boerse.de/historische-kurse/Euro-Dollar/EU0009652759_seite,38, Abruf am 04.12.2012

Boerse.de (2010c): Kurshistorie - EUR/USD (Euro / US-Dollar) tägliche Kurse. URL: http://www.boerse.de/historische-kurse/Euro-Dollar/EU0009652759_seite,37, Abruf am 04.12.2012

Boerse.de (2010d): Kurshistorie - EUR/USD (Euro / US-Dollar) tägliche Kurse. URL: http://www.boerse.de/historische-kurse/Euro-Dollar/EU0009652759_seite,36, Abruf am 04.12.2012

Boerse.de (2010e): Kurshistorie - EUR/USD (Euro / US-Dollar) tägliche Kurse. URL: http://www.boerse.de/historische-kurse/Euro-Dollar/EU0009652759_seite,35, Abruf am 04.12.2012

Boerse.de (2010f): Kurshistorie - EUR/USD (Euro / US-Dollar) tägliche Kurse. URL: http://www.boerse.de/historische-kurse/Euro-Dollar/EU0009652759_seite,34, Abruf am 04.12.2012

Boerse.de (2010g): Kurshistorie - EUR/USD (Euro / US-Dollar) tägliche Kurse. URL: http://www.boerse.de/historische-kurse/Euro-Dollar/EU0009652759_seite,33, Abruf am 04.12.2012

Boerse.de (2010h): Kurshistorie - EUR/USD (Euro / US-Dollar) tägliche Kurse. URL: http://www.boerse.de/historische-kurse/Euro-Dollar/EU0009652759_seite,32, Abruf am 04.12.2012

Boerse.de (2010i): Kurshistorie - EUR/USD (Euro / US-Dollar) tägliche Kurse. URL: http://www.boerse.de/historische-kurse/Euro-Dollar/EU0009652759_seite,31, Abruf am 04.12.2012

Boerse.de (2010k): Kurshistorie - EUR/USD (Euro / US-Dollar) tägliche Kurse. URL: http://www.boerse.de/historische-kurse/Euro-Dollar/EU0009652759_seite,30, Abruf am 04.12.2012

Boerse.de (2010l): Kurshistorie - EUR/USD (Euro / US-Dollar) tägliche Kurse. URL: http://www.boerse.de/historische-kurse/Euro-Dollar/EU0009652759_seite,29, Abruf am 04.12.2012

Boerse.de (2010m): Kurshistorie - EUR/USD (Euro / US-Dollar) tägliche Kurse. URL: http://www.boerse.de/historische-kurse/Euro-Dollar/EU0009652759_seite,28, Abruf am 04.12.2012

Boerse.de (2010n): Kurshistorie - EUR/USD (Euro / US-Dollar) tägliche Kurse. URL: http://www.boerse.de/historische-kurse/Euro-Dollar/EU0009652759_seite,27, Abruf am 04.12.2012

Boerse.de (2010o): Kurshistorie - EUR/USD (Euro / US-Dollar) tägliche Kurse. URL: http://www.boerse.de/historische-kurse/Euro-Dollar/EU0009652759_seite,26, Abruf am 04.12.2012

Boerse.de (2011a): Kurshistorie - EUR/USD (Euro / US-Dollar) tägliche Kurse. URL: http://www.boerse.de/historische-kurse/Euro-Dollar/EU0009652759_seite,26, Abruf am 04.12.2012

Boerse.de (2011b): Kurshistorie - EUR/USD (Euro / US-Dollar) tägliche Kurse. URL: http://www.boerse.de/historische-kurse/Euro-Dollar/EU0009652759_seite,25, Abruf am 04.12.2012

Boerse.de (2011c): Kurshistorie - EUR/USD (Euro / US-Dollar) tägliche Kurse. URL: http://www.boerse.de/historische-kurse/Euro-Dollar/EU0009652759_seite,24, Abruf am 04.12.2012

Boerse.de (2011d): Kurshistorie - EUR/USD (Euro / US-Dollar) tägliche Kurse. URL: http://www.boerse.de/historische-kurse/Euro-Dollar/EU0009652759_seite,23, Abruf am 04.12.2012

Boerse.de (2011e): Kurshistorie - EUR/USD (Euro / US-Dollar) tägliche Kurse. URL: http://www.boerse.de/historische-kurse/Euro-Dollar/EU0009652759_seite,22, Abruf am 04.12.2012

Boerse.de (2011f): Kurshistorie - EUR/USD (Euro / US-Dollar) tägliche Kurse. URL: http://www.boerse.de/historische-kurse/Euro-Dollar/EU0009652759_seite,21, Abruf am 04.12.2012

Boerse.de (2011g): Kurshistorie - EUR/USD (Euro / US-Dollar) tägliche Kurse. URL: http://www.boerse.de/historische-kurse/Euro-Dollar/EU0009652759_seite,20, Abruf am 04.12.2012

Boerse.de (2011h): Kurshistorie - EUR/USD (Euro / US-Dollar) tägliche Kurse. URL: http://www.boerse.de/historische-kurse/Euro-Dollar/EU0009652759_seite,19, Abruf am 04.12.2012

Boerse.de (2011i): Kurshistorie - EUR/USD (Euro / US-Dollar) tägliche Kurse. URL: http://www.boerse.de/historische-kurse/Euro-Dollar/EU0009652759_seite,18, Abruf am 04.12.2012

Boerse.de (2011k): Kurshistorie - EUR/USD (Euro / US-Dollar) tägliche Kurse. URL: http://www.boerse.de/historische-kurse/Euro-Dollar/EU0009652759_seite,17, Abruf am 04.12.2012

Boerse.de (2011m): Kurshistorie - EUR/USD (Euro / US-Dollar) tägliche Kurse. URL: http://www.boerse.de/historische-kurse/Euro-Dollar/EU0009652759_seite,16, Abruf am 04.12.2012

Boerse.de (2011n): Kurshistorie - EUR/USD (Euro / US-Dollar) tägliche Kurse. URL: http://www.boerse.de/historische-kurse/Euro-Dollar/EU0009652759_seite,15, Abruf am 04.12.2012

Boerse.de (2011o): Kurshistorie - EUR/USD (Euro / US-Dollar) tägliche Kurse. URL: http://www.boerse.de/historische-kurse/Euro-Dollar/EU0009652759_seite,14, Abruf am 04.12.2012

Boerse.de (2011p): Kurshistorie - EUR/USD (Euro / US-Dollar) tägliche Kurse. URL: http://www.boerse.de/historische-kurse/Euro-Dollar/EU0009652759_seite,13, Abruf am 04.12.2012

Boerse.de (2012a): Kurshistorie - EUR/USD (Euro / US-Dollar) tägliche Kurse. URL: http://www.boerse.de/historische-kurse/Euro-Dollar/EU0009652759_seite,13, Abruf am 04.12.2012

Boerse.de (2012b): Kurshistorie - EUR/USD (Euro / US-Dollar) tägliche Kurse. URL: http://www.boerse.de/historische-kurse/Euro-Dollar/EU0009652759_seite,12, Abruf am 04.12.2012

Boerse.de (2012c): Kurshistorie - EUR/USD (Euro / US-Dollar) tägliche Kurse. URL: http://www.boerse.de/historische-kurse/Euro-Dollar/EU0009652759_seite,11, Abruf am 04.12.2012

Boerse.de (2012d): Kurshistorie - EUR/USD (Euro / US-Dollar) tägliche Kurse. URL: http://www.boerse.de/historische-kurse/Euro-Dollar/EU0009652759_seite,10, Abruf am 04.12.2012

Boerse.de (2012e): Kurshistorie - EUR/USD (Euro / US-Dollar) tägliche Kurse. URL: http://www.boerse.de/historische-kurse/Euro-Dollar/EU0009652759_seite,9, Abruf am 04.12.2012

Boerse.de (2012f): Kurshistorie - EUR/USD (Euro / US-Dollar) tägliche Kurse. URL: http://www.boerse.de/historische-kurse/Euro-Dollar/EU0009652759_seite,8, Abruf am 04.12.2012

Boerse.de (2012g): Kurshistorie - EUR/USD (Euro / US-Dollar) tägliche Kurse. URL: http://www.boerse.de/historische-kurse/Euro-Dollar/EU0009652759_seite,7, Abruf am 04.12.2012

Boerse.de (2012h): Kurshistorie - EUR/USD (Euro / US-Dollar) tägliche Kurse. URL: http://www.boerse.de/historische-kurse/Euro-Dollar/EU0009652759_seite,6, Abruf am 04.12.2012

Boerse.de (2012i): Kurshistorie - EUR/USD (Euro / US-Dollar) tägliche Kurse. URL: http://www.boerse.de/historische-kurse/Euro-Dollar/EU0009652759_seite,5, Abruf am 04.12.2012

Boerse.de (2012k): Kurshistorie - EUR/USD (Euro / US-Dollar) tägliche Kurse. URL: http://www.boerse.de/historische-kurse/Euro-Dollar/EU0009652759_seite,4, Abruf am 04.12.2012

Boerse.de (2012l): Kurshistorie - EUR/USD (Euro / US-Dollar) tägliche Kurse. URL: http://www.boerse.de/historische-kurse/Euro-Dollar/EU0009652759_seite,3, Abruf am 04.12.2012

Boerse.de (2012m): Kurshistorie - EUR/USD (Euro / US-Dollar) tägliche Kurse. URL: http://www.boerse.de/historische-kurse/Euro-Dollar/EU0009652759_seite,2, Abruf am 04.12.2012

Boerse.de (2012n): Kurshistorie - EUR/USD (Euro / US-Dollar) tägliche Kurse. URL: http://www.boerse.de/historische-kurse/Euro-Dollar/EU0009652759_seite,1 Abruf am 04.12.2012

Boerse.de (2102o): EUR/USD (Euro / US-Dollar) 5 Jahres-Chart. URL: http://www.boerse.de/charts/Euro-Dollar/EU0009652759, Abruf am 27.01.2012

Bolzen, S. (2012): Macht der Ratingagenturen ist schwer zu brechen. URL: http://www.welt.de/politik/ausland/article108374267/Macht-der-Ratingagenturen-ist-schwer-zu-brechen.html?config=print, Abruf am 18.11.2012

Borensztein, E./Cowan, K./Valenzuela, P.(2007): Sovereign Ceilings "Lite"? The Impact of Sovereign Ratings on Corporate Ratings in Emerging Market Economies, IMF Working Paper WP/07/75. URL: http://www.imf.org/external/pubs/ft/wp/2007/wp0775.pdf, Abruf am 28.12.2012

Buholzer, M. (2012): Schuldenkrise: S&P macht Rundumschlag in Euro-Zone. URL: http://www.ftd.de/politik/europa/:schuldenkrise-s-p-macht-rundumschlag-in-euro-zone/60154414.html?mode=print, Abruf am 21.10.2012

CESifo (2012): Euro-zone Economic Outlook Januar 2013. Eurozone bis zur Jahreswende auf Schrumpfkurs. URL: http://www.cesifo-group.de/de/ifoHome/facts/Forecasts/Euro-zone-Economic-Outlook/Archive/2013/eeo-20130109.html, Abruf am 21.01.2013

Europa (2012a): Die Geschichte der Europäischen Union – 1969. URL: http://europa.eu/about-eu/eu-history/1960-1969/1969/index_de.htm, Abruf am 22.11.2012

Europa (2012b): Länder. URL: http://europa.eu/about-eu/countries/index_de.htm, Abruf am 22.11.2012

Europa (2012c): Panorama der Europäischen Union. URL: http://ec.europa.eu/publications/booklets/eu_glance/79/de.pdf, Abruf am 22.11.2012

Europa (2012d): Deal on stricter EU rules for sovereign debt ratings. URL: http://www.europarl.europa.eu/news/de/pressroom/content/20121127IPR56742/html/Deal-on-stricter-EU-rules-for-sovereign-debt-ratings, Abruf am 23.12.2012

Europäische Kommission (2012a): Der Euro. URL: http://ec.europa.eu/economy_finance/euro/index_de.htm, Abruf am 11.11.2012

Europäische Kommission (2012b): Eine Währung für ein Europa. Der Weg zum Euro. URL: http://ec.europa.eu/economy_finance/publications/publication6730_de.pdf, Abruf am 11.11.2012

Eurostat (2012a): General government gross debt. URL:
http://epp.eurostat.ec.europa.eu/tgm/printTable.do?tab=table&plugin=1&language=en&pcode
=tsdde410&printPreview=true, Abruf am 06.01.2013

Eurostat (2012b): General government deficit/surplus. URL:
http://epp.eurostat.ec.europa.eu/tgm/printTable.do?tab=table&plugin=1&language=en&pcode
=tec00127&printPreview=true#, Abruf am 06.01.2013

Financial Times Deutschland (2012c): Bergers Ratingpläne: Europäisches S&P. URL:
http://www.ftd.de/finanzen/:bergers-ratingplaene-europaeisches-s-p/70028269.html, Abruf
am 29.01.2013

Fitch Ratings (2009a): Sector Sovereigns. URL:
http://www.fitchratings.com/gws/en/sector/research/sovereigns?Ne=14+4293330944+429496
5802+11+421+94&Ns=PUB_DATE|1&N=1173+4294965741+4293330737+362&No=600&
Details=Hide Detail, Abruf am 30.11.2012

Fitch Ratings (2009b): Sector Sovereigns. URL:
http://www.fitchratings.com/gws/en/sector/research/sovereigns?Ne=14+4293330944+429496
5802+11+421+94&N=1173+4294965741+4293330737+362&Ns=PUB_DATE|1&No=550&
Details=Hide Detail, Abruf am 30.11.2012

Fitch Ratings (2009c): Sector Sovereigns. URL:
http://www.fitchratings.com/gws/en/sector/research/sovereigns?Ne=14+4293330944+429496
5802+11+421+94&Ns=PUB_DATE|1&N=1173+4294965741+4293330737+362&No=500&
Details=Hide Detail, Abruf am 30.11.2012

Fitch Ratings (2009d): Fitch Downgrades Greece to 'BBB+'; Outlook Negative. URL:
http://www.fitchratings.com/creditdesk/press_releases/detail.cfm?pr_id=544018, Abruf am
28.01.2013

Fitch Ratings (2010a): Sector Sovereigns. URL:
http://www.fitchratings.com/gws/en/sector/research/sovereigns?Ne=14+4293330944+429496
5802+11+421+94&Ns=PUB_DATE|1&N=1173+4294965741+4293330737+362&No=500&
Details=Hide Detail, Abruf am 30.11.2012

Fitch Ratings (2010b): Sector Sovereigns. URL:
http://www.fitchratings.com/gws/en/sector/research/sovereigns?Ne=14+4293330944+429496
5802+11+421+94&N=1173+4294965741+4293330737+362&Ns=PUB_DATE|1&No=450&
Details=Hide Detail, Abruf am 30.11.2012

Fitch Ratings (2010c): Sector Sovereigns. URL:
http://www.fitchratings.com/gws/en/sector/research/sovereigns?Ne=14+4293330944+429496
5802+11+421+94&Ns=PUB_DATE|1&N=1173+4294965741+4293330737+362&No=400&
Details=Hide Detail, Abruf am 30.11.2012

Fitch Ratings (2010d): Sector Sovereigns. URL:
http://www.fitchratings.com/gws/en/sector/research/sovereigns?Ne=14+4293330944+429496
5802+11+421+94&N=1173+4294965741+4293330737+362&Ns=PUB_DATE|1&No=350&
Details=Hide Detail, Abruf am 30.11.2012

Fitch Ratings (2011a): Sector Sovereigns. URL:
http://www.fitchratings.com/gws/en/sector/research/sovereigns?Ne=14+4293330944+429496
5802+11+421+94&N=1173+4294965741+4293330737+362&Ns=PUB_DATE|1&No=350&
Details=Hide Detail, Abruf am 30.11.2012

Fitch Ratings (2011b): Sector Sovereigns. URL:
http://www.fitchratings.com/gws/en/sector/research/sovereigns?Ne=14+4293330944+429496

5802+11+421+94&Ns=PUB_DATE|1&N=1173+4294965741+4293330737+362&No=300& Details=Hide Detail, Abruf am 30.11.2012

Fitch Ratings (2011c): Sector Sovereigns. URL: http://www.fitchratings.com/gws/en/sector/research/sovereigns?Ne=14+4293330944+429496 5802+11+421+94&N=1173+4294965741+4293330737+362&Ns=PUB_DATE|1&No=250& Details=Hide Detail, Abruf am 30.11.2012

Fitch Ratings (2011d): Sector Sovereigns. URL: http://www.fitchratings.com/gws/en/sector/research/sovereigns?Ne=14+4293330944+429496 5802+11+421+94&Ns=PUB_DATE|1&N=1173+4294965741+4293330737+362&No=200& Details=Hide Detail, Abruf am 30.11.2012

Fitch Ratings (2011e): Fitch Downgrades Greece to 'CCC'; Off RWN. URL: http://www.fitchratings.com/creditdesk/press_releases/detail.cfm?pr_id=722440, Abruf am 29.01.2013

Fitch Ratings (2012a): Fitch Ratings Definitions and Scales. URL: http://www.fitchrati ngs.com/web_content/ratings/fitch_ratings_definitions_and_scales.pdf, Abruf am 21.10.2012

Fitch Ratings (2012b): Sector Sovereigns. URL: http://www.fitchratings.com/gws/en/sector/research/sovereigns?Ne=14+4293330944+429496 5802+11+421+94&N=1173+4294965741+4293330737+362&Ns=PUB_DATE|1&No=150& Details=Hide Detail, Abruf am 30.11.2012

Fitch Ratings (2012c): Sector Sovereigns. URL: http://www.fitchratings.com/gws/en/sector/research/sovereigns?Ne=14+4293330944+429496 5802+11+421+94&Ns=PUB_DATE|1&N=1173+4294965741+4293330737+362&No=100& Details=Hide Detail, Abruf am 30.11.2012

Fitch Ratings (2012d): Sector Sovereigns. URL: http://www.fitchratings.com/gws/en/sector/research/sovereigns?Ne=14+4293330944+429496 5802+11+421+94&N=1173+4294965741+4293330737+362&Ns=PUB_DATE|1&No=50&D etails=Hide Detail, Abruf am 30.11.2012

Fitch Ratings (2012e): Sector Sovereigns. URL: http://www.fitchratings.com/gws/en/sector/research/sovereigns?Ne=14+4293330944+429496 5802+11+421+94&Ns=PUB_DATE|1&N=1173+4294965741+4293330737+362&No=0&De tails=Hide Detail, Abruf am 30.11.2012

Fitch Ratings (2012f): About Us. URL: http://www.fitchratings.com/web/en/dynamic/about-us/about-us.jsp, Abruf am 27.12.2012

Fitch Ratings (2012g): Sovereign Rating Criteria. URL: http://www.fitchratings.com/creditdesk/reports/report_frame.cfm?rpt_id=685737, Abruf am 29.12.2012

Frankfurter Rundschau (2011): Moody's spielt weiter die Kassandra. URL: http://www.fr-online.de/wirtschaft/portugal-abgestuft-moody-s-spielt-weiter-die-kassandra,1472780,8301622,view,printVersion.html, Abruf am 28.12.2012

Gärtner, M./Griesbach, B. (2012): Rating agencies, self-fulfilling prophecy and multiple equilibria? An empirical model of the European sovereign debt crisis 2009-2011. URL: http://www1.vwa.unisg.ch/RePEc/usg/econwp/EWP-1215.pdf, Abruf am 05.12.2012

IOSCO (2008): Code of Conduct Fundamentals for Credit Rating Agencies. URL: http://www.iosco.org/library/pubdocs/pdf/IOSCOPD271.pdf, Abruf am 23.12.2012

Moody's (2008): Rating Methodology Sovereign Bond Ratings. URL:
http://www.moodys.com/researchdocumentcontentpage.aspx?docid=PBC_109490, Abruf am
29.12.2012

Moody's (2009a): Research. URL:
http://www.moodys.com/researchandratings/viewall/issuer-research/ratings-
news/003004005/4294966708%204294966288%204294967119/4294966623/0/12/p_publishe
d_date_time/-1/01-01-2009/30-11-2012/-/-/-/-/-/en/global/pdf/rra, Abruf am 30.11.2012

Moody's (2009b): Research. URL:
http://www.moodys.com/researchandratings/viewall/issuer-research/ratings-
news/003004005/4294966708%204294966288%204294967119/4294966623/0/11/p_publishe
d_date_time/-1/01-01-2009/30-11-2012/-/-/-/-/-/en/global/pdf/rra, Abruf am 30.11.2012

Moody's (2009c): Research. URL:
http://www.moodys.com/researchandratings/viewall/issuer-research/ratings-
news/003004005/4294966708%204294966288%204294967119/4294966623/0/10/p_publishe
d_date_time/-1/01-01-2009/30-11-2012/-/-/-/-/-/en/global/pdf/rra, Abruf am 30.11.2012

Moody's (2009d): Research. URL:
http://www.moodys.com/researchandratings/viewall/issuer-research/ratings-
news/003004005/4294966708%204294966288%204294967119/4294966623/0/9/p_published
_date_time/-1/01-01-2009/30-11-2012/-/-/-/-/-/en/global/pdf/rra, Abruf am 30.11.2012

Moody's (2010a): Research. URL:
http://www.moodys.com/researchandratings/viewall/issuer-research/ratings-
news/003004005/4294966708%204294966288%204294967119/4294966623/0/9/p_published
_date_time/-1/01-01-2009/30-11-2012/-/-/-/-/-/en/global/pdf/rra, Abruf am 30.11.2012

Moody's (2010b): Research. URL:
http://www.moodys.com/researchandratings/viewall/issuer-research/ratings-
news/003004005/4294966708%204294966288%204294967119/4294966623/0/8/p_published
_date_time/-1/01-01-2009/30-11-2012/-/-/-/-/-/en/global/pdf/rra, Abruf am 30.11.2012

Moody's (2010c): Research. URL:
http://www.moodys.com/researchandratings/viewall/issuer-research/ratings-
news/003004005/4294966708%204294966288%204294967119/4294966623/0/7/p_published
_date_time/-1/01-01-2009/30-11-2012/-/-/-/-/-/en/global/pdf/rra, Abruf am 30.11.2012

Moody's (2010d): Research. URL:
http://www.moodys.com/researchandratings/viewall/issuer-research/ratings-
news/003004005/4294966708%204294966288%204294967119/4294966623/0/6/p_published
_date_time/-1/01-01-2009/30-11-2012/-/-/-/-/-/en/global/pdf/rra, Abruf am 30.11.2012

Moody's (2010e): Rating Action: Moody's downgrades Ireland to Baa1 from Aa2; outlook
negative. URL: http://www.moodys.com/research/Moodys-downgrades-Ireland-to-Baa1-
from-Aa2-outlook-negative--PR_211361, Abruf am 29.01.2013

Moody's (2011a): Research. URL:
http://www.moodys.com/researchandratings/viewall/issuer-research/ratings-
news/003004005/4294966708%204294966288%204294967119/4294966623/0/6/p_published
_date_time/-1/01-01-2009/30-11-2012/-/-/-/-/-/en/global/pdf/rra, Abruf am 30.11.2012

Moody's (2011b): Research. URL:
http://www.moodys.com/researchandratings/viewall/issuer-research/ratings-
news/003004005/4294966708%204294966288%204294967119/4294966623/0/5/p_published
_date_time/-1/01-01-2009/30-11-2012/-/-/-/-/-/en/global/pdf/rra, Abruf am 30.11.2012

Moody's (2011c): Research. URL:
http://www.moodys.com/researchandratings/viewall/issuer-research/ratings-news/003004005/4294966708%204294966288%204294967119/4294966623/0/4/p_published_date_time/-1/01-01-2009/30-11-2012/-/-/-/-/-/-/en/global/pdf/rra, Abruf am 30.11.2012

Moody's (2011d): Research. URL:
http://www.moodys.com/researchandratings/viewall/issuer-research/ratings-news/003004005/4294966708%204294966288%204294967119/4294966623/0/3/p_published_date_time/-1/01-01-2009/30-11-2012/-/-/-/-/-/-/en/global/pdf/rra, Abruf am 30.11.2012

Moody's (2011e): Research. URL:
http://www.moodys.com/researchandratings/viewall/issuer-research/ratings-news/003004005/4294966708%204294966288%204294967119/4294966623/0/3/p_published_date_time/-1/01-01-2009/30-11-2012/-/-/-/-/-/-/en/global/pdf/rra, Abruf am 30.11.2012

Moody's (2011f): Rating Action: Moody's downgrades Greece to Ca from Caa1, developing outlook. URL: http://www.moodys.com/research/Moodys-downgrades-Greece-to-Ca-from-Caa1-developing-outlook--PR_223246, Abruf am 29.01.2013

Moody's (2012a): Research. URL:
http://www.moodys.com/researchandratings/viewall/issuer-research/ratings-news/003004005/4294966708%204294966288%204294967119/4294966623/0/3/p_published_date_time/-1/01-01-2009/30-11-2012/-/-/-/-/-/-/en/global/pdf/rra, Abruf am 30.11.2012

Moody's (2012b): Research. URL:
http://www.moodys.com/researchandratings/viewall/issuer-research/ratings-news/003004005/4294966708%204294966288%204294967119/4294966623/0/1/p_published_date_time/-1/01-01-2009/30-11-2012/-/-/-/-/-/-/en/global/pdf/rra, Abruf am 30.11.2012

Moody's (2012c): Research. URL:
http://www.moodys.com/researchandratings/viewall/issuer-research/ratings-news/003004005/4294966708%204294966288%204294967119/4294966623/0/0/p_published_date_time/-1/01-01-2009/30-11-2012/-/-/-/-/-/-/en/global/pdf/rra, Abruf am 30.11.2012

Moody's (2012d): Rating Symbols and Definitions. URL:
http://www.moodys.com/researchdocumentcontentpage.aspx?docid=PBC_79004, Abruf am 06.12.2012

Moody's (2012e): Moody's History: A Century of Market Leadership. URL:
http://www.moodys.com/Pages/atc001.aspx, Abruf am 27.12.2012

Moody's (2012f): 2011 Annual Report. URL:
http://files.shareholder.com/downloads/MOOD/2237519778x0x549102/63FE2998-B052-4E99-B69F-60165C7944E2/MOODY_S_2011AR_FINAL.PDF, Abruf am 27.12.2012

Moody's (2012g): Moody's assigns Aaa/Prime-1 rating to European Stability Mechanism (ESM); negative outlook. URL: http://www.moodys.com/research/Moodys-assigns-AaaPrime-1-rating-to-European-Stability-Mechanism-ESM--PR_256438, Abruf am 28.12.2012

Schrörs, M. (2011): Umstrittene Bewertungen: EU will Länderratings verbieten. URL:
http://www.ftd.de/politik/europa/:umstrittene-bewertungen-eu-will-laenderratings-verbieten/60118331.html?mode=print, Abruf am 16.10.2012

Securities and Exchange Commission (2012): Annual Report on Nationally Recognized Statistical Rating Organizations. URL:
http://www.sec.gov/divisions/marketreg/ratingagency/nrsroannrep0312.pdf, Abruf am 19.12.2012

Standard & Poor's (2012a): General Criteria: Understanding Standard & Poor's Rating Definitions. URL: http://img.en25.com/Web/StandardandPoors/understading_ratin gs_definitions_8627.pdf, Abruf am 19.11.2012

Standard & Poor's (2012b): Sovereign Rating And Country T&C Assessment Histories. URL: http://www.standardandpoors.com/servlet/BlobServer?blobheadername3= MDT-Type&blobcol=urldata&blobtable=MungoBlobs&blobheadervalue2=inline %3B+filename%3DTC_Assessment_Histories_10_2_12.pdf&blobheadername2=Content-Disposition&blobheadervalue1=application%2Fpdf&blobkey=id&blobhead er-name1=content-type&blobwhere=1244172506182&blobheadervalue3=UTF-8, Abruf am 22.11.2012

Standard & Poor's (2012c): Guide to Credit Rating Essentials. URL: http://img.en25.com/Web/StandardandPoors/SP_CreditRatingsGuide.pdf, Abruf am 07.12.2012

Standard & Poor's (2012d): A History of Standard & Poor's. Timeline 1830 – 1839. URL: http://www.standardandpoors.com/about-sp/timeline/en/us/, Abruf am 25.12.2012

Standard & Poor's (2012e): A History of Standard & Poor's. Timeline 1941 – 1950. URL: http://www.standardandpoors.com/about-sp/timeline/en/us/, Abruf am 27.12.2012

Standard & Poor's (2012f): About us. Url: http://www.standardandpoors.com/about-sp/main/en/us, Abruf am 27.12.2012

Standard & Poor's (2012g): Sovereign Defaults and Rating Transition Data, 2011 Update. URL: http://img.en25.com/Web/StandardPoorsRatings/Sov_Default_2011.pdf, Abruf am 28.12.2012

Standard & Poor's (2012h): How We Rate Sovereigns. URL: http://img.en25.com/Web/StandardandPoors/How_We_Rate_Sovereigns.pdf, Abruf am 29.12.2012

Statista (2012): Marktanteile der Ratingagenturen Moody´s, Standard & Poor´s und Fitch weltweit im Jahr 2011. URL: http://de.statista.com/statistik/daten/studie/199155/umfrage/marktanteile-der-drei-grossen-ratingagenturen-weltweit/, Abruf am 23.12.2012

Wirtschaftsblatt (2012): S&P Downgrades: neun EU-Staaten, darunter Österreich, herabge-stuft. URL: http://wirtschaftsblatt.at/home/dossiers/ratingagenturen/1221284/index, Abruf am 29.01.2013

Wolf Haldenstein Adler Freeman & Herz LLP (2004): An Examination of the current Status of Rating Agencies and Proposals for Limited Oversight of such Agencies. URL: http://www.whafh.com/modules/publication/docs/2860_cid_7_ratingagencyarticle.pdf, Abruf am 27.12.2012